Renzo Rossi

DIE GESCHICHTE DER ÄGYPTER

Aus dem Italienischen von Nicola Bardola

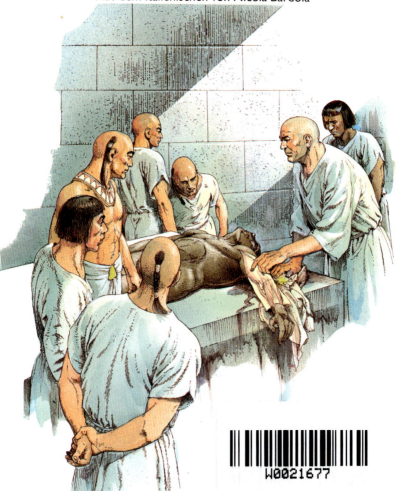

Illustrationen von Sergio

DoGi

Der Taschenbuchverlag
für Kinder und Jugendliche
von Bertelsmann

Band 20743

Umwelthinweis:
Dieses Buch wurde auf chlorfrei gebleichtem Papier gedruckt.

Erstmals als OMNIBUS-Taschenbuch August 2000
Alle Rechte dieser Ausgabe vorbehalten durch
© **C. Bertelsmann Jugendbuch Verlag, München**
in der Verlagsgruppe Bertelsmann GmbH
Titel der Originalausgabe:
»L'Egitto«
© 1999 DoGi spa, Florenz
Übersetzung aus dem Italienischen:
Nicola Bardola, München
Redaktion:
Christina Freiberg, München
Historisches Lektorat:
Dr. Markus Schreiber, München
Satz/Umbruch:
Veit Rost · Werbeagentur, DTP & Typographie, Ingolstadt
Gesamtkoordination der deutschen Ausgabe:
InterConcept Medienagentur, München
Umschlagkonzeption: Klaus Renner
Umschlaggestaltung:
Atelier Langenfass, Ismaning
ISBN 3-570-20743-9
Printed in Italy

10 9 8 7 6 5 4 3 2 1

Inhalt

6   Im Bann der Geschichte

10   Die Ursprünge

14   Das Land am Nil

32   Das Alte Reich: Der Staat

52   Das Alte Reich: Die Religion

66   Die Erste Zwischenzeit

70   Das Mittlere Reich

82   Die Zweite Zwischenzeit

86   Das Neue Reich

116   Das Ende der Pharaonenreiche

122   *Register*

Im Bann der Geschichte

Das 3000 Jahre während Reich der Pharaonen in Ägypten hat Archäologen, Abenteurer und Reisende durch seine großartigen steinernen Monumente, den einzigartigen Totenkult und die vorbildliche politische und gesellschaftliche Ordnung schon immer fasziniert.

Das Leben im alten Ägypten und die jahrtausendealten Mumien und Pyramiden sind seit den Anfängen des Kinos immer wieder Mittelpunkt zahlreicher faszinierender Filme gewesen. Es gibt mittlerweile unzählige wissenschaftliche, aber auch leicht verständliche Bücher zu diesem Thema. Sie bilden den geschichtlichen Hintergrund für viele, oft sehr erfolgreiche Romane. Die Zeugnisse jener Kultur üben eine nach wie vor ungebrochene Anziehungskraft aus, eine Art Ägyptomanie, der schon die alten Römer unterlagen: Einige Kaiser waren so begeistert davon, dass sie zahlreiche Obelisken von Ägypten nach Rom transportieren ließen. Viele Kenntnisse der längst vergangenen

ÄGYPTEN BEGEISTERT

In den vergangenen Jahrzehnten haben Millionen von Menschen Ägypten besucht. Auf der ganzen Welt gibt es etwa 150 bedeutende ägyptische Sammlungen. Ägyptologie wird an Universitäten gelehrt und die »Ägyptomanie« ist sowohl in der Literatur als auch im Kino auf dem Vormarsch.

ägyptischen Zivilisation verdanken wir Archäologen und Historikern des 18. Jahrhunderts. Im Jahre 1799 wurde während der Expedition Napoleons nach Ägypten (1798/99) in der nahe Alexandria gelegenen Stadt Rosette ein Stein mit einer Inschrift in drei verschiedenen Sprachen gefunden, unter anderem auch in Griechisch. Dieser Fund war eine absolute Sensation und von größtem Interesse für die Forscher: Der Stein von Rosette ermöglichte erstmals einen Vergleich griechischer Buchstaben mit der altägyptischen Schrift, den Hieroglyphen. Dadurch wurde eine längst verloren geglaubte Kultur wieder zum Leben erweckt, die schon im 4. Jahrhundert n. Chr. fast vollständig verschwunden war.

Der römische Kaiser Theodosius I. hatte 391 n. Chr. verfügt, dass alle nicht christlichen Tempel des Reiches geschlossen wurden. Deshalb verschwanden die Hieroglyphen aus dem Alltagsleben und wurden bald von niemandem mehr verstanden. Es blieben nur die Aufzeichnungen römischer und griechischer Gelehrter, die das antike Ägypten beschrieben. Herodot hatte um 450 v. Chr. einen Reisebereicht über Ägypten verfasst. Bedeutend sind auch die Überlieferungen von Strabo, der 30 n. Chr. über das bereits von den Römern beherrschte Ägypten schrieb, und von Plutarch, dem griechischen Geschichtsschreiber (46–125 n. Chr.), der von dem bedeutenden Isis-Osiris-Kult berichtet. Bereits in der Antike übte die ägyptische Kultur also eine große Anziehungskraft auf andere Völker aus, doch um 400 n. Chr. versiegte das Interesse.

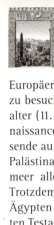

Mit der Ankunft der Araber im Jahr 641 n. Chr. wurde schließlich ganz Ägypten muslimisch. Europäern war es kaum möglich, das Land zu besuchen. Im hohen und späten Mittelalter (11.–15. Jahrhundert) und in der Renaissance (16. Jahrhundert) nutzten Reisende auf dem Weg zu den heiligen Stätten Palästinas die ägyptische Küste am Mittelmeer allenfalls zu einem Kurzaufenthalt. Trotzdem blieb eine gewisse Neugier, denn Ägypten spielt eine wichtige Rolle im Alten Testament: Die Geschichte der Juden ist

Der Vater der Geschichte
Der griechische Geschichtschreiber Herodot (etwa 485–425 v. Chr.) war einer der ersten antiken Gelehrten, der Ägypten beschrieben hat. Sein Bericht ist fesselnd, aber nicht immer wirklichkeitsnah, weil er auf den nur ungenau überlieferten Berichten der Priester und den manchmal sehr fantasievollen Erzählungen damaliger Reiseführer beruht.

Eine entscheidende Entdeckung
Während des Feldzuges Napoleons durch Ägypten finden französische Soldaten 1799 den so genannten Stein von Rosette.

PTOLMYS

PTOLEMAIOS

Der entscheidende Vergleich
Champollion findet den Schüssel zur Entzifferung der altägyptischen Bildschrift, indem er die griechische Schreibweise des Namens Ptolemaios mit dem hieroglyphischen Text vergleicht.

Der Stein von Rosette
Die Inschrift des Steins, ein Erlass von Ptolemaios V. von 196 v. Chr., besteht aus drei Schriften: Hieroglyphisch, Demotisch und Griechisch. Da Griechisch bekannt war, konnten die Hieroglyphen damit verglichen und entziffert werden.

seit dem 2. Jahrtausend v. Chr. eng mit der Ägyptens verknüpft.

Im 17. und 18. Jahrhundert reisten vor allem katholische Missionare nach Ägypten und berichteten darüber. Der wichtigste Besucher in jener Zeit war der französische Baron Vivant Denon (1747 – 1825). Nach Napoleons Expedition ließ er wertvolle ägyptische Funde nach Frankreich bringen und verfasste ein umfangreiches, in ganz Europa viel beachtetes Werk, das 1813 in Frankreich erschien. Es umfasst 24 Bände mit vielen Abbildungen und war Ursache für das wieder auflebende Interesse am Land der Pharaonen.

Als der Franzose Jean-François Champollion (1790 – 1823) im Jahr 1822 die Hieroglyphen entzifferte, machte man sich mit Begeisterung an die Übersetzung der zahllosen Inschriften: Die Ägyptologie verbreitete sich in Windeseile in ganz Europa.

Das hatte auch negative Folgen: Das antike Ägypten wurde seither nicht nur wissenschaftlich erforscht, sondern zugleich regelrecht geplündert. Einzigartige Werke wurden nach Europa verfrachtet und in den bedeutendsten Museen ausgestellt.

Diese verheerende Entwicklung konnte aber von dem Franzosen Auguste Mariette (1821 – 1881) gebremst werden. Er gründete ein Museum in Kairo, das ausschließlich Ägypten gewidmet ist: Ergebnisse der Ausgrabungen wurden ab sofort vor Ort untersucht und wissenschaftliche Studien wurden in Ägypten selbst durchgeführt.

Die Entdeckung des Grabes von Tutanchamun im Jahr 1922 durch die Engländer Howard Carter und Lord George Carnavon ist mit Sicherheit einer der spektakulärsten und faszinierendsten archäologischen Funde in diesem Jahrhundert.

Die Ursprünge

Bereits gegen Ende des 4. Jahrtausends v. Chr. zeichnen sich die Besonderheiten der ägyptischen Zivilisation ab. Sprache, Schrift und Religion bilden sich heraus, festigen sich langsam und haben über einen langen Zeitraum Bestand. Ausgangspunkt dieser Entwicklung ist Afrika, der vermutete Ursprungsort der Menschheitsgeschichte.

Die Völker, die sich im Niltal niederließen und den Beginn der ägyptischen Zivilisation ermöglichten, gehörten zu nordafrikanischen Volksstämmen, die sich mit Zuwanderern aus Asien gemischt hatten.

Vor etwa 9000 bis 8000 Jahren, am Ende der letzten Eiszeit, sah es in Mittel- und Nordafrika ganz anders aus als heute. Dort, wo sich jetzt die Sahara erstreckt, befand sich üppiges Grasland. An Flüssen und Seen entwickelte sich eine artenreiche Pflanzen- und Tierwelt. Palmen, Olivenbäume und Pinien wuchsen, und Krokodile, Nilpferde, Antilopen und Fische aller Art bevölkerten diesen Lebensraum. Zahlreiche Felsmalereien aus damaliger Zeit zeugen davon.

Nach der Eiszeit hatte auf der gesamten Nordhalbkugel der Erde eine heftige Regenzeit eingesetzt. Deren Ende brachte entscheidende Veränderungen für die damalige Bevölkerung mit sich: Aus Jägern und Sammlern wurden Bauern. Als sich in der Mitte des 4. Jahrtausends die Niederschläge verringerten, weiteten sich die Wüstengebiete in Nordafrika aus und die Menschen wanderten in das Schwemmland des Niltals und in die benachbarten, unter

Im 10. und 9. Jahrtausend v. Chr.
In den damals fruchtbaren Gebieten Nordafrikas lebten dunkelhäutige Völker als Sammler und Jäger hauptsächlich von der Großwildjagd und vom Fischfang.

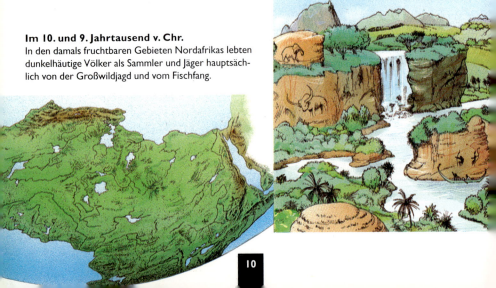

Mitte des 4. Jahrtausends v. Chr.
In der Sahara schreitet die Wüstenbildung schnell voran. Es gibt nur noch wenige feuchte Regionen, in denen sich die letzten überlebensfähigen Stämme aufhalten.

Ende des 4. Jahrtausends v. Chr.
Die Sahara ist inzwischen eine große Wüste und als Lebensraum für die Menschen ungeeignet. Ihre Einwohner haben sich im Schwemmland des Niltals niedergelassen.

Frühe Kulturen
Bemalte Keramik:
Eine Doppelvase aus der
Epoche Naqada I.

dem Meeresspiegel liegenden Regionen aus: beispielsweise in den Fayum, wo das Wasser nach ausgiebigen Überschwemmungen nicht abfließen konnte.

Die ersten Bewohner

Die landwirtschaftliche Erschließung des Niltals, die den vereinzelt dort lebenden Stämmen bis dahin nicht gelungen war, erforderte größte Anstrengungen und gemeinschaftliche Arbeit. Aus dörflichen Gemeinschaften entstanden organisierte Bezirke, die der Obhut und den Weisungen größerer, einflussreicher Siedlungen unterlagen. Als Vorläufer der späteren Könige wurden Vorsitzende bestimmt. Das Gedächtnis reichte bald nicht mehr aus, um alle Informationen zu sammeln und weiterzugeben, die notwendig waren, um die stetig wachsende Gemeinschaft zu organisieren. Man begann damit, die wichtigsten Ereignisse schriftlich festzuhalten. Im Tal entstanden die ersten Reiche. Naqada I (4000 – 3500 v. Chr.) mit großen Siedlungen in Oberägypten und Naqada II (3500 – 3300 v. Chr.), das sich bis zum Delta erstreckte.

Die Vereinigung der beiden Reiche

Das Leben entlang des Flusses erforderte eine zentrale Macht, die das Zusammenleben regelte und Schutz gewährte. Zudem war ein Bindeglied zur Gottheit notwendig, der sich alle unterordnen mussten. Auf dieser Notwendigkeit gründet sich die pharaonische Zivilisation. Nach den zahlreichen Eroberungskriegen der Stämme des Niltals bestand Ägypten um das Jahr 3200 v. Chr. (in der so genannten Vordynastischen Epoche) nur

Die Tafel von Narmer
Sinnbildliche Darstellung auf Schiefer von der Vereinigung Ober- und Unterägyptens.

Kopf eines Gefangenen mit sechs Papyrusrollen als Symbole für Unterägypten.

Narmer trägt die weiße Krone und erschlägt seinen Feind.

Ein hoher Würdenträger bringt dem König die Sandalen.

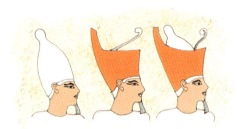

Die drei Kronen
Die weiße Krone des Südens und die rote Krone des Nordens werden von Narmer zur Doppelkrone und damit zum Symbol des vereinten Ägypten geformt.

Die Tafel des Schlangenkönigs
der 1. Dynastie zeigt den Falkengott Horus über zwei Motiven, die den König symbolisieren: Eine Schlange, die über der Fassade des Königshauses schwebt.

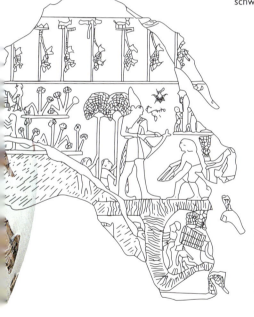

Prunkkeulenkopf des Königs »Skorpion«
Der König trägt die weiße Krone und hebt vor dem Beginn eines Tempelbaus den ersten Graben aus. Er hält eine Hacke in der Hand und vor ihm tragen Arbeiter die Erde weg.

noch aus zwei großen Reichen. Eines erstreckte sich über das ganze Delta (Unterägypten), das andere über das ganze Niltal weit nach Süden (Oberägypten). Der Höhepunkt dieser Entwicklung zur Einheit fand um 3000 v. Chr. statt, als der König Oberägyptens (der in der ägyptischen Tradition Menes, von den archäologischen Quellen Narmer genannt wird) das Delta eroberte. Er gründete die erste von 30 Dynastien, die bis zur Zeit Alexanders des Großen im 4. Jahrhundert v. Chr. regierten. Nach der Einheit gelang es den Herrschern, Recht und Ordnung im Reich wiederherzustellen. Maat hieß die Göttin des Friedens, der Weisheit, der Wahrheit, der Wissenschaft und der Ausgewogenheit. Maats Willen umzusetzen, war oberstes Gebot aller Pharaonen. In dieser Ergebenheit liegt das Geheimnis für die gesellschaftliche Harmonie im alten Ägypten begründet.

Das Land am Nil

In Ägypten regnet es nur selten. Der Nil ist die Lebensader des Landes. Sein jährliches Hochwasser ist ein Segen für die Menschen. Es überschwemmt die Flussaue, bewässert das Land und lagert fruchtbaren Schlamm ab. Aber nur harte Arbeit und eine gute Planung ermöglichen eine ertragreiche Landwirtschaft, die die Lebensgrundlage der Ägypter darstellt.

Der Fluss durchströmt das Land von Süden nach Norden. Der »Weiße Nil«, der aus den großen Seen Äquatorialafrikas kommt, und der »Blaue Nil«, der den Quellen im Gebirge Äthiopiens entspringt, fließen im Sudan zusammen. Bis zum 19. Jahrhundert sorgten sie für stets wiederkehrendes Hochwasser und für Überschwemmungen. In den Steppen Nubiens macht der Nil eine große Schleife, um sich nach einer Reihe von Wasserfällen, den Katarakten, und einem langen schmalen Tal, das durch die Wüste führt, im Nildelta zu verzweigen und in das Mittelmeer zu münden.

Während dieser ganzen Strecke fließt kein Wasser zu, stattdessen zweigt kurz vor Amarna ein Nebenfluss vom Nil ab, der eine Weile parallel fließt, sich verzweigt und im Fayum versickert. Nördlich von Kairo beginnt das Mündungsgebiet des Nils, die fruchtbarste Region Ägyptens, das so genannte Nildelta.

Gestern und heute
Der Nil, Palmenhaine und Felder, Dörfer und die angrenzende Wüste kennzeichnen das typische Landschaftsbild Ägyptens.

Länge
Von der Quelle bis zum Delta misst der Fluss 6600 Kilometer, davon 1200 Kilometer in Ägypten.

Breite
In Nubien fließt der Nil oft in engen Schluchten. In Ägypten hingegen beträgt seine Breite durchschnittlich 900 Meter.

Das Nildelta
besteht aus fünf Hauptarmen und hat die Form eines gleichseitigen Dreiecks mit etwa 190 Kilometern Seitenlänge.

Flussbett
Es erhöht sich jedes Jahrhundert um durchschnittlich zehn bis 15 Zentimeter.

Das Klima
ist trocken mit starken Temperaturschwankungen im Tages- und Jahreszyklus. An kaum einem anderen Ort der Welt werden extremere Temperaturen gemessen als in Assuan.

Katarakte
sind Stufen im Flussbett. Der Nil hatte sechs große und mehrere kleine Katarakte.

Hochwasser
Bei Hochwasser steigt der Pegel in Assuan um sieben und in Kairo um vier Meter.

Satellitenbild
Das Nildelta lässt sich mit einer Lotosblume vergleichen. Auf dem Satellitenbild wird deutlich weshalb: Der Fayum ist das Blatt, das vom Stängel abzweigt.

Die Lebensader
Die bewirtschafteten Felder direkt an den Ufern des Nils sind die fruchtbarsten Bereiche des Tales.

Die Wüste
Die Libysche Wüste – ein weites und flaches Gebiet – unterbrochen von dem Grün einer Oase.

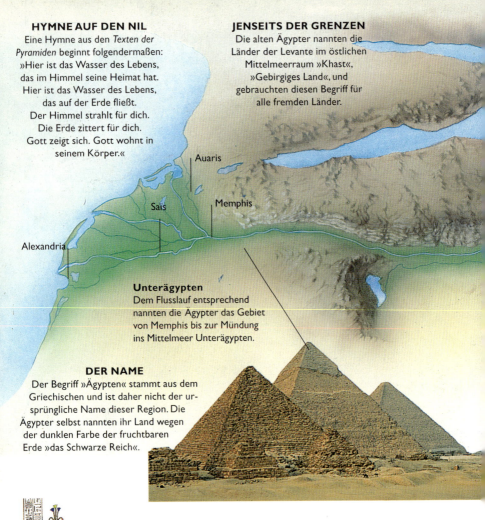

HYMNE AUF DEN NIL
Eine Hymne aus den *Texten der Pyramiden* beginnt folgendermaßen: »Hier ist das Wasser des Lebens, das im Himmel seine Heimat hat. Hier ist das Wasser des Lebens, das auf der Erde fließt. Der Himmel strahlt für dich. Die Erde zittert für dich. Gott zeigt sich. Gott wohnt in seinem Körper.«

JENSEITS DER GRENZEN
Die alten Ägypter nannten die Länder der Levante im östlichen Mittelmeerraum »Khast«, »Gebirgiges Land«, und gebrauchten diesen Begriff für alle fremden Länder.

Auaris

Sais   Memphis

Alexandria

Unterägypten
Dem Flusslauf entsprechend nannten die Ägypter das Gebiet von Memphis bis zur Mündung ins Mittelmeer Unterägypten.

DER NAME
Der Begriff »Ägypten« stammt aus dem Griechischen und ist daher nicht der ursprüngliche Name dieser Region. Die Ägypter selbst nannten ihr Land wegen der dunklen Farbe der fruchtbaren Erde »das Schwarze Reich«.

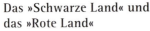

Das »Schwarze Land« und das »Rote Land«

Das Tal des Nils ist mit einer Gesamtfläche von 34000 Quadratkilometern beinahe so groß wie das heutige Belgien. Die alten Ägypter bezeichneten die Flussaue als »Schwarzes Land«, weil der bei den Überschwemmungen abgelagerte fruchtbare Schlamm den Boden am unteren Flusslauf und im gesamten Delta schwarz färbte. Das Delta ist eine äußerst fruchtbare und sehr schöne Landschaft in der Form eines Dreiecks, deren verzweigte Flussarme in weiten Windungen das flache Land durchziehen, um sich schließlich ins Mittelmeer zu ergießen.

Südlich des Deltas zieht sich von Kairo (Memphis) bis nach Assuan ein 900 Kilo-

DAS MEER
Über viele Jahrhunderte waren das Rote Meer und das Mittelmeer für die Ägypter von zweitrangiger Bedeutung. Sie nannten sie schlicht »das Große Grün«.

Oberägypten
Oberägypten umfasst das eigentliche Flusstal des Nils zwischen Memphis und dem ersten Katarakt bei Assuan.

Erster Katarakt
Abu Simbel

Die Hauptstädte
In den verschiedenen Epochen der altägyptischen Kultur waren die folgenden Städte von besonderer Bedeutung: Thinis (zu Beginn des Alten Reiches), Memphis (Altes Reich), Theben (Mittleres und Neues Reich), Auaris (unter der Herrschaft der Hyksos), Saïs (in der späten Zeit), Alexandria (kaum gegründet, wurde es sofort zur Hauptstadt der nachpharaonischen Epoche).

meter langer Landstreifen, der sich von einer Breite von 20 Kilometern auf 5 Kilometer verengt. Steile Felsen ragen bis zu 200 Meter hoch über das Niltal. Westlich und östlich davon erstreckt sich das »Rote Land«: die Libysche und die Arabische Wüste. Während einige Oasen im Westen für Abwechslung in der kargen Landschaft der flachen und offenen Libyschen Wüste sorgen, erstreckt sich im Osten eine Hochebene, auf der ständig extreme Hitze herrscht und die von dauerhaft ausgetrockneten Flussläufen (Wadis) durchzogen wird. Hier haben nur wenige Pflanzen und Tiere Überlebenschancen. Dafür ist das Gebiet aber reich an Bodenschätzen: Zum Beispiel werden hier Gold, Kupfer, Zinn und Edelsteine abgebaut.

»Geschenk des Nils«

Wenn es den Nil nicht gäbe, wäre ganz Ägypten eine Wüste. Wegen des Nils durchzieht aber eine fast endlos lange Oase das Land und nur dort ist Landwirtschaft möglich. Schon in der Frühzeit zeigte sich das ganze Niltal als eine einzige große landwirtschaftliche Fläche, wobei sich Ober- unter Unterägypten nach ihrer Einheit aufs Beste ergänzten. Den Bewohnern war klar, dass sich das kostbare Nass gemeinschaftlich besser nutzen ließ. Von Assuan bis zum Mittelmeer wurde der Nil nach Absprache in unzählige Bewässerungsgräben geleitet, damit nach Regenzeiten oder während der nicht seltenen Dürreperioden die Felder optimal bewirtschaftet werden konnten. Die Nahrungsmittelvorräte wurden je nach Bedarf umverteilt und Bodenschätze, die es nur im Norden des Landes gab, wurden in den Süden transportiert.

Nebst der üppigen Vegetation (Papyrus, Wasserlilien, Bambus, Akazien), die auf vielfältige Weise genutzt wurde, waren Getreide, viele Früchte und Obst die wichtigsten Nahrungsmittel.

Auch die Tierwelt Ägyptens wäre ohne den Nil nicht denkbar: Dazu gehören natürlich das Nilpferd und das Krokodil, aber auch Antilopen und Gazellen sowie Sumpfvögel wie Pfauen, Kraniche, Reiher und ein großer Fischreichtum.

Es überrascht also nicht, dass der griechische Historiker Herodot von Ägypten als einem »Geschenk des Nils« schwärmte. Denn diese üppige Vielfalt wäre ohne die regelmäßigen Überschwemmungen, die dem Volk der Ägypter von wohlgesinnten Göttern zugestanden wurden, nicht möglich gewesen.

LAND IM ÜBERFLUSS

Diese Wandmalerei wurde in Theben im Grab von Senedschem (1300 v. Chr.) gefunden. Sie zeigt Einzelheiten landwirtschaftlicher Arbeit und Bauern, die den Göttern huldigen.

Das jährliche Hochwasser

Nach unserem heutigen Kalender war der 19. Juli für die ägyptischen Bauern ein sehr wichtiger Tag. Wenn der Stern Sirius niedrig am östlichen Horizont stand, wussten sie, dass das große, jährlich wiederkehrende Hochwasser bald einsetzen würde. Nicht ängstlich, sondern voller Hoffnung warteten sie auf den göttlichen Segen.

Hapi hieß der Flussgott, der dafür sorgte, dass nicht nur Wasser, sondern auch der fruchtbare Schlamm über die Ufer trat.

Mobile Arbeitskräfte

Während der Erntezeit gelang es den ortsansässigen Bauern nicht, das gesamte Getreide zu mähen. Es wurden daher Erntetrupps gebildet, die von Süden (wo früher gemäht werden konnte) nach Norden zogen und überall aushalfen.

Wenig Bäume

In Ägypten fehlte es durch den Mangel an großen Bäumen an Bauholz. Auch Olivenbäume waren selten. Daher gab es vorwiegend Rizinusöl. Hingegen wuchsen außer Dattelpalmen auch Johannisbrotbäume und verschiedene Feigensorten.

Sorgen bereitete den Bauern nur die Art der Überschwemmung. Trat in sehr kurzer Zeit sehr viel Wasser über die Ufer, bestand die Gefahr, dass Dämme und Felder beschädigt und die wertvolle Bodenkrume weggespült wurden. Kam zu wenig Wasser, bestand nachfolgend die Gefahr einer Hungerkatastrophe wegen der geringer ausfallenden Ernteerträge.

Deshalb war es wichtig, das Hochwasser, so gut es ging, zu kontrollieren. Es wurden Dämme, Kanäle und künstliche Seen gebaut, damit die Felder das ganze Jahr über durch ein ausgeklügeltes System bewässert werden konnten. Dank einer raffinierten Bauweise, die das Gefälle optimal ausnutzte, konnten auch in größerer Entfernung vom Nil gelegene Felder begrünt werden.

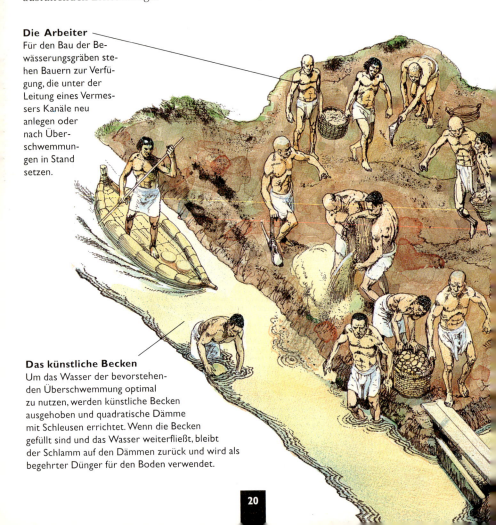

Die Arbeiter
Für den Bau der Bewässerungsgräben stehen Bauern zur Verfügung, die unter der Leitung eines Vermessers Kanäle neu anlegen oder nach Überschwemmungen in Stand setzen.

Das künstliche Becken
Um das Wasser der bevorstehenden Überschwemmung optimal zu nutzen, werden künstliche Becken ausgehoben und quadratische Dämme mit Schleusen errichtet. Wenn die Becken gefüllt sind und das Wasser weiterfließt, bleibt der Schlamm auf den Dämmen zurück und wird als begehrter Dünger für den Boden verwendet.

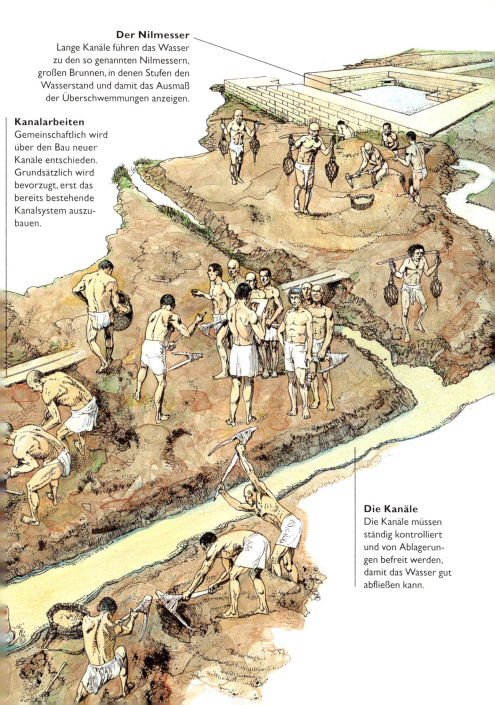

Der Nilmesser
Lange Kanäle führen das Wasser zu den so genannten Nilmessern, großen Brunnen, in denen Stufen den Wasserstand und damit das Ausmaß der Überschwemmungen anzeigen.

Kanalarbeiten
Gemeinschaftlich wird über den Bau neuer Kanäle entschieden. Grundsätzlich wird bevorzugt, erst das bereits bestehende Kanalsystem auszubauen.

Die Kanäle
Die Kanäle müssen ständig kontrolliert und von Ablagerungen befreit werden, damit das Wasser gut abfließen kann.

Die drei Jahreszeiten

Der Zusammenhang zwischen dem Beginn des Hochwassers und dem Aufleuchten des weiß-blauen Lichts des Sterns Sirius war schon sehr früh bekannt. Die Ägypter beobachteten den regelmäßigen Rhythmus des Hochwassers, das Klima und den Sternenhimmel. Sie fanden aber nie eine sachliche Erklärung für deren Ursache und begnügten sich mit einer mythologischen Erklärung des Phänomens. Demnach ist der Stern Sirius eine Erscheinung der Göttin Isis, die um ihren Gatten Osiris – den Schöpfer der Landwirtschaft – weint. Osiris wurde aus Eifersucht von seinem Bruder Seth umgebracht. Seither sollen Isis' Tränen das Hochwasser verursachen. Die Zeit des Hochwassers war für die Ägypter zugleich der Beginn eines neuen Jahres. Nach ihrer Rechnung gab es nur drei Jahreszeiten, die jeweils vier Monate dauerten: Akhet – die Jahreszeit des Hochwassers und der Überschwemmungen; Peret – der Winter, die Zeit des Abfließens des Wassers; Chemu – der Sommer, die Zeit der Trockenheit.

Das Leben auf den Feldern: Akhet

Die Jahreszeit Akhet begann am 19. Juli und dauerte bis zum Spätherbst. Während der Überschwemmungen musste die Feld-

Der Gott Hapi
Er versinnbildlicht den Nil und trägt oft Blumen und Wasservasen. Oft wird er auch in Gestalt eines Stieres gezeigt.

Akhet
Die Zeit der Überschwemmungen vom 19. Juli bis Mitte November.

arbeit für die Kanalarbeiten unterbrochen werden. Es war die gemeinschaftliche Pflicht aller, sie von Abfällen zu befreien, die Becken zu erweitern oder neu zu bauen und auch die Schleusen bedurften ständiger Pflege. Wenn dann das Ackerland vollständig unter Wasser stand und die Tiere in Sicherheit, das heißt in höher gelegenes Gelände, gebracht worden waren, gingen viele Bauern der Jagd auf Wild nach oder wurden kurzfristig zu Fischern. Durch die Überschwemmungen bildeten sich große, stille Gewässer, in denen sich die Fische schnell vermehrten. Die Ufer waren ideale Nistplätze für Wasservögel.

Papyrusboote
Die leichten und gut zu lenkenden Papyrusboote sind für die Jagd mit der Harpune besonders geeignet und werden auch bei der Jagd auf Nilpferde eingesetzt.

Jagd im Röhricht
Mit Netzen, Fallen, Pfeil und Bogen oder einem Wurfstock, ähnlich einem Bumerang, wird im Schilf Jagd auf Vögel gemacht.

Netz und Fischreuse
In niedrigen Gewässern werden die Netze von den Booten geschleppt und von einer Gruppe von Männern gemeinsam gehoben. Mit den Reusen kann man auch alleine auf Fischfang gehen.

Im Dorf
Die Frauen sind mit der Zubereitung der Vorräte beschäftigt. Das Fleisch wird gesalzen und der Fisch getrocknet.

Instandsetzung
Boote, Netze, Harpunen und weitere Waffen werden von den älteren oder schwächeren Männern repariert.

JAGD UND FISCHFANG
Der Überfluss an Fischen, Nilpferden und Vögeln macht den Ägyptern die Jagd leicht und sichert ihren Wohlstand.

Peret

Mitte November zog sich das Hochwasser zurück. Die Jahreszeit Peret mit ihren kalten Wintermonaten begann. Eile war geboten: Die Bauern begannen sofort zu pflügen und zu säen, denn der Schlamm, der auf den Feldern vom Wasser zurückgelassen wurde, trocknete schnell und bildete eine harte Kruste, die oft mit Stöcken aufgebrochen werden musste. Auf den nahe am Nil gelegenen Feldern musste nur wenig gearbeitet werden. Dort reichte es zumeist, wenn man das Vieh auf und ab trieb, das mit den Hufen die Schollen zerkleinerte und die Samen in die Erde drückte.

Nach der Aussaat und gegen Ende der Jahreszeit Peret mussten die Felder erneut

Das Röhricht
Mit Schilfrohr und Bambus werden Körbe, Matten und sogar Boote gebaut. Mindestens genauso wichtig ist Papyrus.

Das Saatgut
Auch wenn die Böden nicht tief sind, wachsen Weizen und Gerste (zur Brot- und Bierbereitung) und Flachs (zur Herstellung von Stoffen).

PFLÜGEN UND SÄEN
Die Technik bleibt über Jahrhunderte unverändert. Das Werkzeug ist einfach und wird nicht weiterentwickelt.

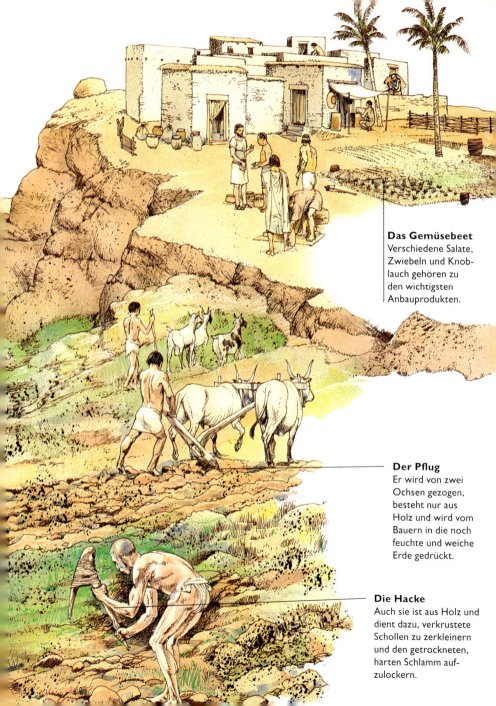

Das Gemüsebeet
Verschiedene Salate, Zwiebeln und Knoblauch gehören zu den wichtigsten Anbauprodukten.

Der Pflug
Er wird von zwei Ochsen gezogen, besteht nur aus Holz und wird vom Bauern in die noch feuchte und weiche Erde gedrückt.

Die Hacke
Auch sie ist aus Holz und dient dazu, verkrustete Schollen zu zerkleinern und den getrockneten, harten Schlamm aufzulockern.

mehrfach bewässert werden. Die Beete wurden besonders aufmerksam gepflegt und regelmäßig gegossen.
Inzwischen waren die Datteln reif und konnten geerntet werden. Das Wasser hatte sich aus den Sumpfgebieten zurückgezogen, sodass es möglich war, Schilfrohr und Papyrus zu schneiden.

Chemu
Mit dem Beginn der letzten Jahreszeit Chemu wurde noch emsiger auf den Feldern gearbeitet. Vor dem Einsetzen des nächsten Hochwassers musste alles geerntet werden. Im März wurde der Flachs geschnitten, dann, am Sommeranfang, wurden die Trauben und das Getreide geerntet, die in Oberägypten und im Mittel-

DIE ERNTE
Auf Grund des heißeren Klimas beginnt in Ober- und Mittelägypten die Ernte etwas früher als im Delta. Die Erntezeit dauert mehrere Wochen und wird nur an Feiertagen unterbrochen.

Weidetiere
Nach der Ernte werden Vieh und Haustiere wie Esel, Enten und Gänse auf die Felder geführt.

Die Ährenlese
Die Aufgabe der Frauen ist es, alle Ähren einzusammeln, damit nichts verschwendet wird.

Die Spreu
Nachdem die Esel und die Ochsen die Ähren zerstampft haben, werden die Weizenkörner mit kurzen Schaufeln in die Luft geworfen, um sie von der Spreu zu trennen.

Die Mäher
Die Mäher schneiden den Weizen auf Kniehöhe. Sie verwenden Holzsicheln, an denen spitze Kieselsteine befestigt sind. Zu zweit tragen sie die Ernte in großen Körben zum Dorf.

Die Mannschaft
Die Mannschaft eines mittleren Transportschiffs besteht im Allgemeinen aus zehn Ruderern, zwei Steuermännern und einem Kapitän. Es ist dadurch sehr schnell, wird vor allem für Kurierdienste eingesetzt, transportiert aber auch kleine, leichte und wertvolle Waren.

DIE GROSSE STRASSE
Entlang des gesamten Nils befinden sich Auffahrten zu den Karawanenstraßen. Es ist die Aufgabe des jeweils nächstgelegenen Ortes, diese Verkehrsknotenpunkte zu sichern und bei Bedarf zu reparieren.

lauf des Nil fast gleichzeitig reif waren. Jetzt mussten auch Frauen und Kinder helfen. Es wurden auch Erntetrupps gebildet, die überall dort eingesetzt wurden, wo die Arbeit nicht allein bewältigt werden konnte. Unter der Kontrolle der zuständigen Beamten wurde das Getreide gedroschen und in Vorratskammern gebracht.

Die Schifffahrt auf dem Nil
Da Ägypten ein sehr langes und schmales Land ist, war der von Wüste umgebene Nil die wichtigste Verkehrsverbindung. Auch während der trockenen Jahreszeit Chemu konnten Schiffe noch problemlos auf dem Nil verkehren. Nur die gelegentlich aus dem Wasser ragenden Sandbänke mussten beachtet und umfahren werden.

Transitverkehr
So wie die heutigen Fähren überquerten damals täglich mehrere Schiffe den Nil in beiden Richtungen.

Um zum Delta zu gelangen, konnte man sich auf die Strömung verlassen, die mal schneller, mal langsamer die Reisenden sicher an ihr Ziel brachte. Zur Beschleunigung der Fahrt benutzte man Ruder oder Paddel. Um hingegen Richtung Süden zu fahren, mussten die Segel gehisst werden. Da der Wind meistens vom Mittelmeer ins Landesinnere blies, ging es aber auch gegen die Stromrichtung in Richtung Oberägypten schnell voran. Entlang des Nils, der »Hauptstraße« Ägyptens, herrschte also reger Verkehr.

Vor allem im Delta gab es eine große Betriebsamkeit, da hier der Umschlagplatz für Waren war, die vom Mittelmeer geliefert wurden oder dorthin befördert werden sollten.

Das Alte Reich: Der Staat

500 Jahre währt das Alte Reich. Dieser Zeitraum umfasst das erste goldene Zeitalter des alten Ägypten, das von drei Dynastien bestimmt wird. In dieser Zeit werden politische und soziale Strukturen festgelegt, bewähren sich und behalten über 20 Jahrhunderte ihre Gültigkeit.

Mit der 3. Dynastie beginnt auch das so genannte Alte Reich (2700 – 2200 v. Chr.). Es bezeichnet den ersten großen Höhepunkt der ägyptischen Kultur und dauert bis zur 6. Dynastie.

Schon am Anfang dieser Epoche setzen sich gesellschaftliche Übereinkünfte aus vordynastischer Zeit durch: Vereinzeltes Machtstreben wird zu Gunsten eines friedfertigen Miteinanders unterdrückt. Die Führung des Landes liegt in den Händen einer mit ausreichenden Befugnissen ausgestatteten Regierung, an deren Spitze ein Wesir steht. Zwei in derselben Weise arbeitende Ministerien verwandeln die Gaue der beiden Reiche in straff organisierte Provinzen. Es werden zahlreiche Gesetze erlassen und der Wasserstand des Nils wird regel-

Der Pharao Pepi
Pepi I. aus der 4. Dynastie begann mit dem Bau eines Kanals beim Katarakt von Assuan. Flotten auf dem Weg nach Nubien konnten die Stromschnelle so besser überwinden.

Die Reihenfolge
Auf dem Stein von Palermo sind auf mehreren Zeilen die Namen der Könige des Alten Reiches eingraviert worden. Mit jedem neuen Pharao begann die Zeitrechnung wieder beim Jahr 1. Daher wurde das Datum bestimmter Ereignisses stets mit »Jahr X des Pharao Y« angegeben.

Elite-Truppen
Seit den ersten Expeditionen nach Nubien werden für den persönlichen Schutz des Pharaos und zur Wahrung von Recht und Gesetz besonders ausgebildete Bogenschützen aus Nubien nach Ägypten geholt.

mäßig gemessen. Das Dezimalsystem wird eingeführt und die Schrift nach dem Alphabet geordnet. Beides bedeutet einen erheblichen Fortschritt für die zielgerichtete Führung des Landes. Auch die bildenden Künste erreichen ein hohes Niveau. Geistes- und Naturwissenschaften und insbesondere die Medizin machen große Fortschritte. Hinzu kommt der über allem stehende Gedanke des Göttlichen: Ewigkeit, Unendlichkeit, Allgewalt, Güte und Allwissenheit als herausragende Ideale.

Die Memphis-Periode

Während der frühdynastischen Zeit regierten die Herrscher von Oberägypten aus. Doch von der 3. Dynastie an wurde Memphis die erste Hauptstadt Ägyptens. Sie war von einer weißen Mauer umgeben und lag ungefähr an der Stelle des heutigen Kairo. Im Zentrum prangte ein großer weißer Palast. In religiöser Hinsicht war Memphis nicht führend; das in derselben Region gelegene Heliopolis war von größerer religiöser Bedeutung; Sakkara und Giseh waren die wichtigsten Orte für königliche oder private Begräbnisse.

Da die politische Lage stabil und ruhig war, begnügte sich Ägypten damit, die Landesgrenzen zu sichern. Mehrfach wurden die Libyer zurückgeschlagen, die versuchten, das Delta zu erobern. Auch die Halbinsel Sinai war fest in ägyptischer Hand. Nicht nur wegen seiner Edelsteinvorkommen war die Halbinsel wichtig, sondern auch wegen des Kupfers, das für die Herstellung der aus Bronze bestehenden Waffen dringend benötigt wurde.

Das in Phönizien gelegene Byblos stand unter ägyptischer Schutzherrschaft. Es lieferte das für das waldarme Ägypten wertvolle Baumaterial Holz. Im Süden veranlasste Pharao Snofru, der erste König in der 4. Dynastie, Expeditionen nach Nubien, um Granit für den Bau der Pyramiden zu beschaffen. Sahure, der Erste der 5. Dynastie, schickte seine Flotten in die Länder der Levante im östlichen Mittelmeer und über das Rote Meer zum Horn von Afrika. Schwer beladen kehrten die Soldaten mit Gold, Elfenbein und Gewürzen zurück.

Schon in der 5. und 6. Dynastie (2510 – 2200 v. Chr.) waren sich die Könige ihrer Macht nicht mehr so sicher. Mit großzügigen Geschenken und dem Zugeständnis zu größeren Machtbefugnissen versuchten sie die Vorsteher der Provinzen, insbesondere

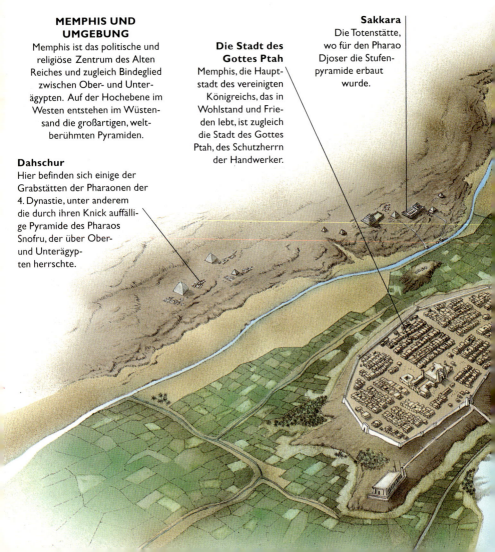

MEMPHIS UND UMGEBUNG
Memphis ist das politische und religiöse Zentrum des Alten Reiches und zugleich Bindeglied zwischen Ober- und Unterägypten. Auf der Hochebene im Westen entstehen im Wüstensand die großartigen, weltberühmten Pyramiden.

Dahschur
Hier befinden sich einige der Grabstätten der Pharaonen der 4. Dynastie, unter anderem die durch ihren Knick auffällige Pyramide des Pharaos Snofru, der über Ober- und Unterägypten herrschte.

Die Stadt des Gottes Ptah
Memphis, die Hauptstadt des vereinigten Königreichs, das in Wohlstand und Frieden lebt, ist zugleich die Stadt des Gottes Ptah, des Schutzherrn der Handwerker.

Sakkara
Die Totenstätte, wo für den Pharao Djoser die Stufenpyramide erbaut wurde.

die der weit entfernt im Süden gelegenen Regionen, enger an sich zu binden. Diese hatten sich allmählich zu einflussreichen Gaufürsten entwickelt. Doch die Zugeständnisse förderten ihre Unabhängigkeit und Eigenständigkeit sogar noch.

Unter den vielen Privilegien, die ihnen während der langen Herrschaft von Pepi II. zugestanden wurden, missfiel den Königen am meisten das Erbrecht bei Regelung der Machtnachfolge, das ihnen nur noch wenig Einflussmöglichkeiten einräumte.

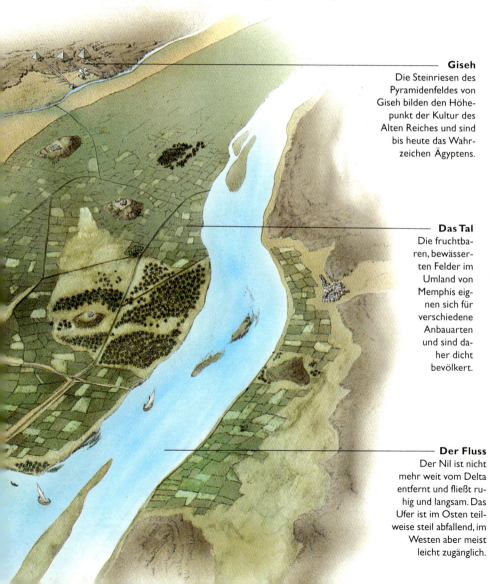

Giseh
Die Steinriesen des Pyramidenfeldes von Giseh bilden den Höhepunkt der Kultur des Alten Reiches und sind bis heute das Wahrzeichen Ägyptens.

Das Tal
Die fruchtbaren, bewässerten Felder im Umland von Memphis eignen sich für verschiedene Anbauarten und sind daher dicht bevölkert.

Der Fluss
Der Nil ist nicht mehr weit vom Delta entfernt und fließt ruhig und langsam. Das Ufer ist im Osten teilweise steil abfallend, im Westen aber meist leicht zugänglich.

Die Organisation des Staates

Schon im Alten Reich wurde jene zentral gesteuerte und hierarchische Struktur des Staates Ägypten begründet, die sich bis in die heutige Zeit hinein bewährt hat.

Ein König oder Pharao herrschte beinahe unumschränkt über eine Bevölkerung, die auf drei bis fünf Millionen Menschen geschätzt wird. Er fällte wichtige Entscheidungen und plante die Zukunft seines Landes. Einen Großteil der Macht delegierte er aber an den Wesir. Er ist auf der Tafel von Narmer abgebildet, wie er seinem Herrn die Sandalen reicht. Der Wesir lenkte den gesamten Verwaltungsapparat. Die Verantwortlichen der verschiedenen Ministerien bildeten die einflussreichste Gruppe von Beamten, die den Willen des Königs im ganzen Land durchsetzten.

Zu den bemerkenswertesten Phänomenen im Ägypten der Pharaonen gehörten einerseits die Bereitschaft des Volkes, sich in den Dienst streng geordneter und vorgegebener Abläufe zu stellen, und andererseits die große Arbeitsleistung der Menschen. Beamte aller Dienstgrade übten ihre Aufgaben verantwortungsvoll aus, waren ihren Vorgesetzten treu und gerecht zu ihren Untergebenen.

Die höchsten Beamten (heute würden wir sie Minister nennen) hießen »mer«, »die mit den Mündern« (das heißt die, die befehlen). Sie wurden nur noch von ausgewählten Inspektoren des Königs oder des Wesirs kontrolliert. Einem »mer« wiederum waren

Der Wesir
Der Wesir Rechmire mit den Insignien der Macht in einer Wandmalerei aus seinem prächtigen Grab in Theben: In der rechten Hand trägt er einen Stab, Symbol seiner Befehlsgewalt, in der linken das Zepter.

Die Gesellschaftspyramide
Die ägyptische Gesellschaft hat eine festgelegte Rangordnung. Oben steht der Pharao, der seine Befugnisse auf einzelne Beamten verteilt. Diese respektieren seinen Willen, wie auch das Volk, das sie führen.

DIE STRUKTUR DER MACHT

Sie bleibt während der gesamten pharaonischen Epoche nahezu unverändert, auch wenn der Wesir im Neuen Reich mehr Verantwortung übernimmt.

Wesir

Pharao

Großes Haus
Es umfasst die Angehörigen des Pharaos, den Hofstaat und das persönliche Sekretariat des Königs. Vorsitzender ist ein Rektor.

Haus des Königs

Königliche Kanzlei, Archiv der königlichen Erlasse.

Religion

Überwachung der Tempel, der Pyramiden und des Heiligtums von Heliopolis laut den Anweisungen eines Rektors.

Weißes Haus

Kontrolle des Zugangs von Getreide, Gold usw. in die zentralen Lager.

Haus des Goldes

Verwaltung der Reichtümer des Großen Hauses und Umtausch in Verbrauchsgüter, die den Beamten, den Tempeln und dem Großen Haus selbst zugeteilt werden.

Inneres

Überwachung der Tätigkeiten der Provinzvorsteher und Bildung einer eigenen Polizei.

Staatseigentum

Kontrolle über den Stand aller öffentlichen Gelder.

Staatliche Arbeiten

Planung und Finanzierung des Baus von Tempeln, Palästen und Pyramiden.

Rechts- ordnung

Überwachung der Gerichte in der Provinz und Bildung des Obersten Gerichts.

Wasserbau

Überwachung der Baumaßnahmen und die Instandhaltung aller Kanäle.

Streit- kräfte

Überwachung der Streitkräfte und der mobilen Einsatztrupps der Arbeiter, die auf großen Baustellen eingesetzt werden.

zahlreiche Beamte niedrigen Grades, wie Schreiber und Archivare, untergeordnet.
Die Provinzvorsteher waren verantwortlich für die »nomoi«, die einzelnen Verwaltungsbezirke. Sie wurden direkt von den Pharaonen bestimmt und falls notwendig auch wieder von ihnen abgesetzt. Jeder Provinzvorsteher hatte einen Stellvertreter, der in den Bezirken dieselbe Funktion ausübte wie der Wesir im Zentrum der Macht. In Oberägypten gab es stets 22 Bezirke, in Unterägypten pendelte ihre Zahl zwischen 13 und 17.

Mit Sondervollmachten ausgestattete Provinzvorsteher kontrollierten die Oasen im Westen und schützten sie vor den Übergriffen der Libyer. Diese Provinzvorsteher waren zuvor wichtige Führungskräfte in der Armee. Dort hatten sie allerdings wenig Gelegenheit zu Ruhm zu gelangen. Ägypten war dank der Wüsten und des Meeres gut geschützt und daher kam es kaum zu kriegerischen Auseinandersetzungen mit den Nachbarstaaten.

Mykerinos
Relief des Pharaos Mykerinos der 4. Dynastie (2532 – 2504 v.Chr.). Er trägt hier die weiße Krone Oberägyptens und wird von zwei Frauengestalten begleitet. Hathor, deren Kopfschmuck eine Sonne darstellt, die von Kuhhörnern eingefasst ist, steht zu seiner Rechten.

Chephren
Detail der Dioritstatue des Pharaos Chephren der 4. Dynastie (2558 – 2532 v.Chr.). Auf dem Nacken der Majestät sitzt der Falke Horus, der mit seinen Flügeln den Herrscher über Ober- und Unterägypten beschützt.

Schon im Alten Reich gab es auch für die einfachen Handwerker die Möglichkeit zum gesellschaftlichen Aufstieg. Die Bevölkerung war in eine genaue, aber nicht strenge Rangordnung eingeteilt. Zuoberst stand der Pharao; der zweitwichtigste Mann im Staat war der Wesir, dann kamen die Minister und so ging es weiter hinab bis zum einfachen Diener. Mit Ausnahme des Obersten und der Untersten waren alle sowohl Befehlsempfänger als auch Befehlende. Dadurch hatte jeder die Möglichkeit, sich in die Gemeinschaft einzufügen und die eigene Stellung zu verbessern.

Der Pharao und die ägyptische Gesellschaft

Der Pharao gab dem Staat zwischen schöpferisch-göttlicher Macht und dem menschlichem Dasein als Vermittler den notwendigen Halt.

Der Pharao war auf Erden der Vertreter der Göttin Maat. Dadurch war er der Garant für Glück und Eintracht. Er sorgte für Recht und Ordnung und für Wohlstand im Land, das ohne ihn in Gewalt und Chaos untergegangen wäre. Die ersten der fünf immer gleichen Namen, die alle Pharaonen tragen, verweisen auf ihren göttlichen Ursprung: Horus (der Gott der Einheit, der durch einen Falken symbolisiert wird und das Königtum beschützt); Goldhorus (die Offenbarung der Göttlichkeit); drittens der zu den beiden Herrinnen Gehörige (der weibliche Geier Nechbet von Oberägypten und die weibliche Kobra Buto von Unterägypten); viertens der Naturverbundene (zur Binse und zur Biene Gehörende); der fünfte Teil bedeutete »Sohn des Re« (Sonnenkönig)

Der Beamte
Diese Holzstatue mit eingelegten Augen ist unter dem Namen »Der Dorfschulze« bekannt und zeigt einen Beamten der 5. Dynastie.

und verwies auf seine irdische Macht; darauf folgte der Geburtsname des Pharaos.

Die göttliche Kraft des Pharaos stellte die Fruchtbarkeit des Landes, Wohlstand für seine Bevölkerung und die Unbesiegbarkeit seiner Armee sicher. Sein Einfluss war unbeschränkt und unantastbar. Wenn der Pharao neue, göttlich inspirierte Gesetze erließ, musste der Wesir dafür sorgen, dass sie in die Tat umgesetzt wurden.

Der Wesir war nicht nur für die Führung der Minister zuständig, sondern vor allem auch für Gerechtigkeit im Lande: Er bewachte Gesetzgebung und Gerichte, ja sogar einzelne Gerichtsverhandlungen. Vor dem Gesetz waren alle gleich, egal ob Mann oder Frau, ob reich oder arm.

Auch in allen religiösen Fragen funktionierte das Prinzip dieser Rangordnung: Der Pharao stellte die höchste religiöse Autorität auf Erden dar. In unzähligen Zeremonien wurde er von Priestern im ganzen Land vertreten. Wie wir noch sehen werden, kannten die alten Ägypter viele Götter. Dies erforderte eine wachsende Zahl an Priestern und an Mitarbeitern in den großen und kleinen Tempeln des Landes.

Zu Beginn des Alten Reiches gab es in den einzelnen Provinzen noch keine Trennung zwischen weltlicher und religiöser Macht. Der Provinzvorsteher war zugleich oberster Priester. Er verwaltete also die Tempel in seinem Bereich und damit auch die Abgaben, die von der Bevölkerung manchmal unter großem Verzicht geleistet wurden. Als die Macht der Provinzvorsteher gegen Ende des Alten Reiches weiter zunahm, weil die Pharaonen ihnen große Ländereien zugestanden hatten, wurden ihre Tempel nicht nur immer reicher, sondern auch unabhängig.

Nahe am Höhepunkt der Macht
Kalkstein mit gut erhaltener Malerei: Rahotep, Hohepriester von Heliopolis und leiblicher Königssohn mit seiner Gemahlin, der Prinzessin Nofret.

Pharao und Priester
Ein Pharao (erkennbar an der blauen Krone, die nur während eines Krieges oder göttlicher Riten getragen wird) in den Kleidern eines Priesters (das Leopardenfell über der rechten Schulter).

Die Verteilung des Reichtums

Das ganze Land, der gesamte Reichtum, alle Güter, die in Ägypten produziert wurden, gehörten dem Pharao. Er war seinerseits dafür verantwortlich, dass sein Volk in Sicherheit und Wohlstand leben konnte. Das Gebot von Maat bezog sich auch auf den Besitztum der Menschen. Rücksichtnahme, Solidarität und Gerechtigkeit sollten auch alle wirtschaftlichen Abläufe bestimmen.

Im Mittelpunkt der Verteilung des Reichtums stand der Tempel. In allen Provinzen wurden die Güter (sowohl Nahrungsmittel als auch handwerkliche Produkte) zum Haupttempel gebracht, wo sie von Tempelmitarbeitern registriert, gelagert und danach gerecht unter der Bevölkerung verteilt wurden. Als Belohnung für diese wichtige Dienstleistung wurden die Tempel weitgehend von der Steuerpflicht befreit. Trotz dieser gut funktionierenden Art der Verteilung war es auch erlaubt, freien Handel zu treiben und Privatbesitz zu erwerben. Kleineren Handwerksbetrieben und landwirtschaftlichen Familienbetrieben war es gestattet, mit ihren Gütern zu handeln. Ihr jeweiliger Besitz (Tiere, Werkzeug, Fischerboote usw.) wurde einmal im Jahr geschätzt und besteuert. Als Gegenleistung für diese Abgabe war man zum Tauschhandel berechtigt. Dabei wurde jedem Gegenstand ein geschätzter Wert zugeordnet.

Niemand ist Sklave

Das Gebot von Maat lautete also Harmonie und Ordnung, Solidarität und Wohlstand und bezog sich auch auf das wirtschaftliche Leben. Dies alles war nur möglich, weil die Oberschicht zwar reich war, doch die gesamte Macht beim Pharao lag. Dadurch hatten die Unterschiede zwischen der reichen Oberschicht und der armen Bevölkerung keine negativen Auswirkungen. Aus demselben Grund gab es im alten Ägypten

Unter den Sohlen
Zwei Kriegsgefangene wurden zum Zeichen der Verachtung auf die Unterseite von Sandalen gemalt.

Keine Sklaven
Lange Zeit wurde vermutet, dass die Arbeiter, die die Pyramiden und Tempel erbaut haben, Sklaven waren. Tatsächlich waren es freie Menschen mit einem gültigen Arbeitsvertrag.

keine Sklaven im Sinne von rechtlosen oder vogelfreien Leibeigenen. Manchmal wurden zwar Arbeiter von Grundbesitzern oder von Tempeln ausgeliehen. Dieses harte Schicksal konnte Bauern, Handwerker oder auch Schreiber treffen. Es waren meist vorübergehend verarmte Menschen. Ihr Zustand war aber nicht von Dauer und wurde auch nicht an die Nachkommen weitergegeben. Sie konnten sich meistens aus eigener Kraft aus ihrer Lage befreien.

Das Leben der Schreiber

Neben den einflussreichen Ministern, die dafür sorgten, dass die Befehle des Pharaos durchgeführt wurden, gab es eine große Anzahl von Beamten. Keine andere Gesellschaft der Antike verfügte über ein so ausgeklügeltes Beamtensystem. Die Schreiber bildeten keinen einheitlichen Berufsstand. Sie waren jedoch im Allgemeinen angesehen und einflussreich. Sie mussten zunächst während einer langen Schulzeit die

Die Gefangenen Während des Neuen Reiches führte Ägypten zahlreiche Eroberungskriege. Die Gefangenen wurden möglichst schnell in den Alltag eingegliedert. Das geschah oft zunächst unter Gewaltanwendung. Bild aus dem Grab von Thutmosis IV., Pharao der 18. Dynastie.

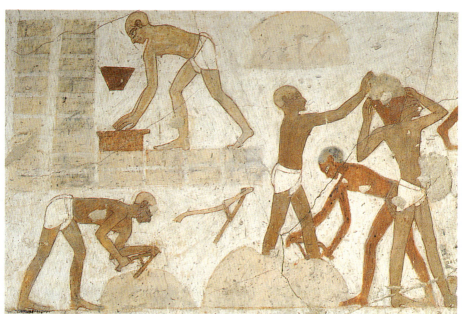

komplizierte Schrift erlernen. Wer Pech hatte, verbrachte danach sein Leben im Dienst eines höher gestellten Beamten. Die Glücklicheren durften mehr Verantwortung übernehmen und wurden in fast allen gesellschaftlichen Bereichen eingesetzt. Sie arbeiteten in den Behörden der Minister, auf den Feldern, um Land zu vermessen, bei den Bauern, um Vieh und Gerätschaften zu prüfen oder den Ernteertrag zu protokollieren, an den Grenzen, um den Durchgangsverkehr und die Fremden zu kontrollieren, und überall im Land, um die Steuern einzutreiben. Von ihrem Wissen und von ihrer Genauigkeit konnte das Überleben des ganzen Volkes abhängen. Ihre Hauptaufgabe bestand nämlich nicht nur darin, den Bestand der erworbenen Reichtümer zu berechnen, sondern vor allem auch klug vorausschauend das Land auf schlechte Jahre vorzubereiten. Falls die Überschwemmung zu stark oder zu schwach ausfiel, mussten sie dafür sorgen, dass entsprechend Vorräte angelegt wurden. Welcher Beschäftigung ein Schreiber auch immer nachging, er musste zuverlässig und pflichtbewusst sein. Aber man spöttelte auch über seinen Ehrgeiz. In einem alten Text, den die Ägyptologen *Satire auf die Berufe* genannt haben, steht: »Der Wäscher wäscht jeden Tag, wenn es sein muss auch die Kleider seines Nachbarn ... Die Hände und die Füße des Töpfers sind voller Ton ... Der Schuhmacher mischt seine Beize und der Gestank ist groß ... Aber der Schreiber – seine Aufgabe ist es, die Arbeit aller zu überprüfen. Merk dir das!«

Die Schrift

In der Tat ist die Arbeit des Schreibers nicht allzu anstrengend, wenn man sie

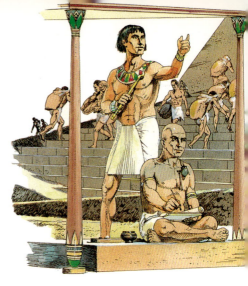

Die Rechnungsführer
Der Baumeister unterrichtet den Schreiber täglich über die Fortschritte beim Bau einer Pyramide. Der Schreiber notiert jede Einzelheit, auch Unfälle, und berechnet die Materialkosten, die zu beschaffenden Vorräte, die Löhne der Arbeiter und unvorhergesehene Kosten.

Zählung der Tiere
Die Schau der Ochsen wird von einer Gruppe von Schreibern genau verfolgt. Es wird nicht nur die Zahl der Tiere notiert, sondern zum Beispiel auch deren Zustand und auf welchen Feldern sie geweidet haben.

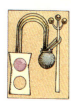

Wie man »Schreiber« schreibt

Die Hieroglyphe stellt vereinfacht das Werkzeug des Schreibers dar. Geschrieben wurde mit einer Feder aus Schilfrohr und schwarzer oder roter Tinte. Der Tintenfarbstoff war zu Tabletten gepresst und musste vor Gebrauch in Wasser aufgelöst werden. Dazu dienten die zwei Vertiefungen und das Töpfchen für das Wasser.

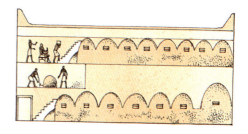

Die Buchhalter

Der tägliche Lohn für den Arbeiter, die Entnahme von Getreide aus den Vorratskammern, die Schenkungen an einen Gott: Alles wird von den Schreibern genau festgehalten.

Das Werkzeug

Mehrere Pinsel, Tinte und die Spachtel zur Auflösung des Farbstoffs.

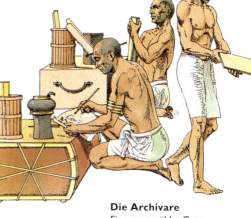

Die Archivare

Eine ausgewählte Gruppe von Schreibern hat die Aufgabe, wissenschaftliche und literarische Texte, magische Formeln und die Schilderung von Ritualen zu kopieren. Die Papyrusrollen werden in versiegelten Gefäßen aufbewahrt und bilden die Bibliothek und das Archiv des Tempels.

mit der Arbeit der Handwerker und Bauern vergleicht. Der Schreiber muss hauptsächlich schreiben: eine schwierige, aber keineswegs schweißtreibende Tätigkeit.

Die ägyptische Schrift bestand aus Figuren (den Hieroglyphen), die sowohl den Menschen als auch seine Umwelt (Pflanzen, Tiere usw.) darstellten. Zu Beginn war jedes Zeichen, jede Figur ein Symbol, das auf seine Bedeutung verwies: So verwies die gemalte Eule auf die wirkliche Eule.

Doch mit der Zeit entstand die Notwendigkeit, Eigennamen oder nicht darstellbare Sachverhalte schriftlich festzuhalten. Man begann, ein Zeichen einem entsprechenden Klang zuzuordnen. Diese wurden dann wie bei Bilderrätseln eingesetzt. Zudem erforderte der wirtschaftliche Fortschritt die Anwendung leichter und schneller zu schreibender Zeichen. Dadurch wurde verstärkt mit stilisierten, also vereinfachten, Hieroglyphen gearbeitet. Die Griechen dachten, dies sei ausschließlich die Schrift der Priester, da sie damals nur noch von Priestern verwendet wurde, die damit heilige Texte vervielfältigten, und nannten sie »hieratische« (priesterliche) Schrift. Ursprünglich war dies jedoch die gängige Schreibweise.

Im 7. Jahrhundert v. Chr. setzte sich dann eine noch einfachere Schrift durch, die den Notwendigkeiten des Alltags genügte. Die Griechen nannten sie im Gegensatz zur priesterlichen die »demotische« (volkstümliche) Schrift.

Die Handwerker

Das Handwerk wurde in Ägypten stets als sehr wichtige Tätigkeit geschätzt. Die Gesellschaft achtete den Handwerker, so wie man heute erfolgreiche Künstler bewundert. Imhotep, der Wesir und Bauherr des

Das Lesen der Hieroglyphen
Im Normalfall werden die Hieroglyphen von oben nach unten und von rechts nach links gelesen. Die Blickrichtung der Köpfe der Menschen und Tiere verweist auf den Anfang des Textes.

Die Papyrusernte
Die Bauern pflücken und binden die Papyruspflanzen in einem Sumpf. Gemälde im Grab des Grundbesitzers Ti in Sakkara (etwa 2500 v. Chr.).

Wie Papier
Die Papyrusstängel wurden in dünne Streifen gleicher Länge geschnitten, nach dem Wasserbad in zwei Schichten getrocknet und mit dem Gewicht der Steine aneinander geklebt.

n	i	d	w	ḥ	k
Wasser	Verzierter Stab	Schlange	Wachtelküken	Bauch und Warzen eines Tieres	Korb mit Griff
h	f	pr	q	h̭	p
Gehege	Viper mit Hörnern	Haus	Abhang	Plazenta, Mutterkuchen	Hocker
th	r	b	s	ś	'
Strick	Mund	Bein	Riegel	gefalteter Stoff	Unterarm
m	g	t	ḥ	d	a
Eule	Untersetzer für Krüge	Brot	Docht aus Flachs	Hand	Ägypt. Geier

Haus + Brot = Samen
pr   t   prt

Wie ein Bilderrätsel
Das hieroglyphische Alphabet und der Klang der einzelnen Buchstaben: Das Zusammenziehen verschiedener Zeichen (und Klänge) ergab Wörter und neue Bedeutungen.

Schnellschrift
Die hieratische Schrift wurde neben den Hieroglyphen als deren schnell schreibbare Variante gebraucht; hier zur Formulierung einer geometrischen Aufgabe.

Pharaos Djoser, für den er die Urpyramide von Sakkara mit den stufenförmigen Seiten entwarf, begann seine Laufbahn als Töpfer. Wer nicht als Schreiber oder in der Landwirtschaft tätig war, arbeitete als (Kunst-)Handwerker. Damit konnte man normalerweise aber nicht besonders reich werden. Ein einzelner Handwerker hatte nur in Ausnahmefällen die Möglichkeit, sich selbstständig zu machen. Er konnte auch nicht Handel mit dem Ausland treiben, da dies dem Pharao vorbehalten war. Er befriedigte also lediglich die Nachfrage im Inland und war in seinen Aufträgen meistens abhängig vom Staat oder vom Tempel. Er wurde in Naturalien bezahlt (Lebensmittel, Kleider usw.) und mit Werkzeug ausgestattet. Oft wurde ihm auch eine Wohnung gestellt und für medizinische Betreuung oder das Begräbnis gesorgt. Die Handwerkskunst wurde meistens von Vätern an die Söhne weitergegeben. Manchmal wurden auch Lehrlinge eingestellt. Jugendliche hatten die Möglichkeit, einen Beruf zu ergreifen, der ihren Begabungen entsprach. Man warnte sie aber vor den Mühen und Schwierigkeiten (wie die *Satire auf die Berufe* zeigt), in der Hoffnung, sie auf die Schule der Schreiber schicken zu können, wo sie vielleicht auf eine Laufbahn in der Verwaltung vorbereitet wurden.

Bis zur 4. Dynastie wurden die Handwerker vor allem beim Bau der Pyramiden eingesetzt. Später, in der 5. Dynastie, machte man von ihren Fähigkeiten auch zunehmend beim Bau der Tempel Gebrauch. Die Handwerkszunft umfasste beispielsweise Steinmetze, Schreiner, Gießer, Stuckateure, Maler und viele andere, die die Geheimnisse im Umgang mit allen Steinsorten – vom Granit bis zum Alabaster – kannten.

Brauen von Bier
Eine wichtige und tägliche Arbeit, nämlich das Herstellen des beliebten Getränks, wurde meistens von den Frauen verrichtet. Bemalte Statuette der 5. Dynastie aus Sakkara.

Kunsttischlerei
Schminkköfferchen mit Löffel zum Mischen der Salben aus bemaltem Holz.

In den Gräbern
Alle Gegenstände des Alltags, die dem Verstorbenen nützlich sein könnten, wurden von den Handwerkern für die Gräber hergestellt. Auch Amulette durften nicht fehlen, die auf der Reise ins Jenseits Schutz boten.

Mit der 6. Dynastie endete die rege Bautätigkeit, die zweieinhalb Jahrhunderte lang über fünfzig Generationen von Handwerkern Arbeit gab. Die Arbeitslosen begannen in der Hauptstadt um 2260 v. Chr. mit dem ersten überlieferten Aufstand in der Geschichte Ägyptens, der zur Ersten Zwischenzeit überleitete. Mit der geschwächten Macht des Pharaos konnten sich Gewalt und Verbrechen ausbreiten.

Die Bauern

Die Bauern waren ausschlaggebend für den Wohlstand des Landes. Sie arbeiteten entweder selbstständig in kleinen Familienbetrieben oder für einen Dienstherren (einen Minister oder einen Tempel), der das Land zur bestmöglichen Verwaltung vom Pharao erhalten hatte. Sie konnten ausgeliehen werden, verloren aber nie ihre Rechte als freie Menschen. Die Mehrheit der

Goldschmiedekunst
Dieser Falkengott mit Edelsteinaugen und Goldkrone zeigt das hohe Niveau, das die Goldschmiede der 4. Dynastie erreicht hatten.

Bauern wohnte in kleinen Dörfern unter einfachsten Bedingungen in der Nähe der Felder. Sie gaben einen Großteil ihres Ertrages dem Dienstherren oder zuständigen Tempel ab. Die Schreiber berechneten nach der Größe der Felder, der Anzahl der Ochsen, Haustiere oder Palmen den abzugebenden Betrag. So sorgten die Bauern dafür, dass genug Weizen für die Bäcker und die Brauer, Fleisch für die Metzger, Flachs für die Schneider, Papyrus für die Bootsbauer und die Schreiber zur Verfügung stand. Sie besaßen nur einfache Gerätschaften, aber der fruchtbare Schlamm des Nils musste nicht sehr tief umgepflügt werden.

DIE INSPEKTION
Beamte sind in einem Bauerndorf eingetroffen, um die jährlich stattfindende Schätzung durchzuführen. Hierzu gehört die Zählung der Einwohner und die Schätzung der Vorräte.

Die Steuer
Der oberste Beamte errechnet den Anteil der Produkte, der als Abgabe dem Pharao zugeführt werden muss, und sorgt für den Abtransport.

Während der Monate, in denen man nicht auf dem Feld arbeiten konnte, mussten die Bauern auf den großen Baustellen aushelfen, an denen die von den Pharaonen bestellten riesigen Bauwerke entstanden.
Ob sie nun selbstständig waren oder für einen Dienstherren arbeiteten, die Lebensbedingungen der Bauern waren immer etwa dieselben: Sie lebten niemals in Gefahr und wurden von niemandem bedroht, sie mussten nie hungern, sie durften an den religiösen Zeremonien teilnehmen und sie hatten stets die Möglichkeit und die Hoffnung, dass ihre Kinder später ein besseres Leben haben würden als sie selbst.

Die Dienstverpflichtung
Die kräftigsten unter den jungen Bauern werden ausgewählt. Sie müssen ihre Familien und ihr Dorf verlassen, um auf den großen Baustellen eine schwerere Arbeit zu verrichten als auf den Feldern.

Bestrafung
Bewaffnete Kontrolleure bestraften die Bauern, die nicht in der Lage waren, die Abgaben zu bezahlen.

DAS DORF
Es befand sich nicht weit entfernt vom Fluss oder von den Kanälen. Die Häuser aus getrockneten Schlammziegeln waren einfach gebaut und hatten keine Fenster. Licht und Luft drangen durch die Eingangstür, die einzige Öffnung des Hauses.

Das Alte Reich: Die Religion

Im Alten Reich waren die Bestattungsbräuche von größter religiöser Bedeutung. Der Glaube an ein Leben im Jenseits war unerschütterlich. Schon in frühester Zeit bilden zahlreiche Gottheiten die Grundlage der ägyptischen Religion.

Die tiefe Verwurzelung der Menschen im religiösen Glauben zeigt sich insbesondere in zwei Dingen: zum einen in der Verehrung einer Vielzahl von Göttern, zum anderen in den Bestattungsriten. Die Seele galt als unsterblich; der Tod wurde nur als Trennung des Körpers von der Seele, der immer währenden spirituellen Kraft des Menschen, verstanden. Diese Kraft nannte man »ka«, das Abbild des Menschen, das im Körper lediglich einen Halt findet. Da die Welt durch die Urkraft des Universums geschaffen worden war, musste die Seele am Ende ihrer irdischen Zeit dorthin zurückkehren. Dies entspricht wieder – diesmal nicht in weltlicher, sondern in religiöser Hinsicht – dem Gesetz von Maat. Die Vielzahl der Götter hat ihren Ursprung im Glauben des einfachen Volkes, der sich erheblich von der offiziellen Religion der großen Tempel unterschied. So wurden in verschiedenen Regionen verschiedene Götter verehrt, die sehr oft als Tiere dargestellt wurden. Diesen örtlichen Göttern ordnete man nur selten genaue Funktionen und besondere Kräfte zu. Doch immer waren die Götter übergeordnete Mächte, von deren Stimmung der Alltag der Menschen abhing. Daher war es wichtig, stets in einem guten Verhältnis zu den Göttern zu leben. In der

Osiris
Die Darstellung zeigt die Gottheit Osiris mit den Insignien seiner Macht in den Händen: dem Krummstab und dem Wedel. Die grüne Färbung von Gesicht und Händen soll den ewigen Kreislauf des Lebens vom Werden und Vergehen symbolisieren.

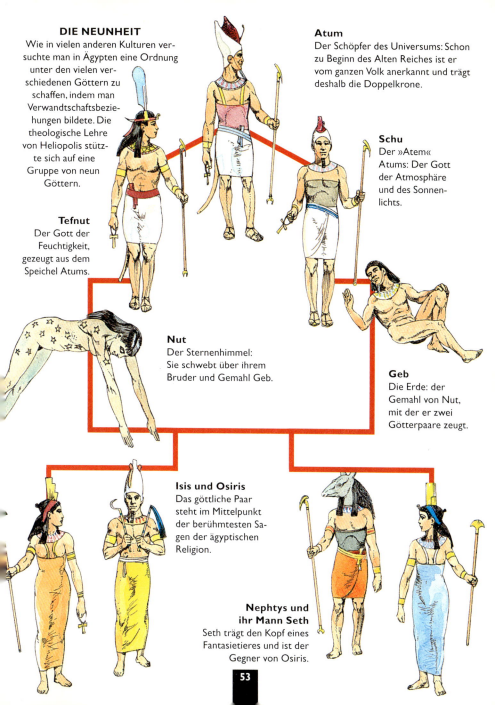

DIE NEUNHEIT

Wie in vielen anderen Kulturen versuchte man in Ägypten eine Ordnung unter den vielen verschiedenen Göttern zu schaffen, indem man Verwandtschaftsbeziehungen bildete. Die theologische Lehre von Heliopolis stützte sich auf eine Gruppe von neun Göttern.

Atum
Der Schöpfer des Universums: Schon zu Beginn des Alten Reiches ist er vom ganzen Volk anerkannt und trägt deshalb die Doppelkrone.

Schu
Der »Atem« Atums: Der Gott der Atmosphäre und des Sonnenlichts.

Tefnut
Der Gott der Feuchtigkeit, gezeugt aus dem Speichel Atums.

Nut
Der Sternenhimmel: Sie schwebt über ihrem Bruder und Gemahl Geb.

Geb
Die Erde: der Gemahl von Nut, mit der er zwei Götterpaare zeugt.

Isis und Osiris
Das göttliche Paar steht im Mittelpunkt der berühmtesten Sagen der ägyptischen Religion.

Nephtys und ihr Mann Seth
Seth trägt den Kopf eines Fantasietieres und ist der Gegner von Osiris.

offiziellen Religion war dies die Aufgabe des Pharaos, des lebenden Gottes, und der Zweck aller in den großen Tempeln durchgeführten Zeremonien.

Der Sonnengott Re war der wichtigste Gott im Schöpfungsmythos der Ägypter. Er wurde morgens Harachte und abends Atum genannt. Die Stadt Heliopolis (das bedeutet im Griechischen »Stadt der Sonne«) lag nördlich von Memphis. Dort erfanden die Priester die erste ägyptische Lehre der Götter, die »Neunheit« genannt wurde, da eine Gruppe von neun Göttern darin im Mittelpunkt stand. Andere Städte beschränkten sich auf weniger Götter: Memphis zum Beispiel begnügte sich mit acht. In den meisten dieser Lehren spielt der Gott Osiris eine wichtige Rolle.

Die Neunheit von Heliopolis

Nach einer weit verbreiteten Vorstellung schuf sich vor Urzeiten der Sonnengott Atum selbst aus dem Chaos des Urmeeres. Auf dem Urhügel erweckte er das Götterpaar Schu (Gott der Luft) und Tefnut (Gott der Feuchtigkeit) zum Leben. Diese wiederum zeugten Geb und Nut, die Erde und den Himmel, deren Kinder Seth, Nephtys, Osiris und Isis waren.

Die dramatische Geschichte der zwei Letztgenannten war in allen Bevölkerungsschichten bekannt und fand auch in der griechisch-römischen Kultur Beachtung. Isis und Osiris waren die Akteure im bekanntesten ägyptischen Mythos, der schildert, wie Seth der Mörder seines Bruders Osiris wird, dessen Körper auf der ganzen Welt verstreut wird. Doch Isis sucht weinend alle Körperteile ihres Brudergemahls, setzt sie zusammen und erweckt sie mit Zauberkraft zu neuem Leben.

Auferstanden wird Osiris schließlich zum Herrscher des Jenseits. Und Horus, der Sohn von Isis und Osiris, erringt später den Sieg über Seth.

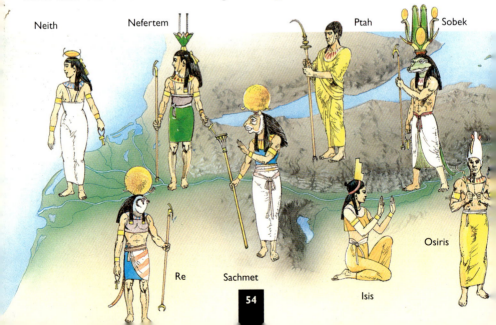

Neith, Nefertem, Ptah, Sobek, Re, Sachmet, Isis, Osiris

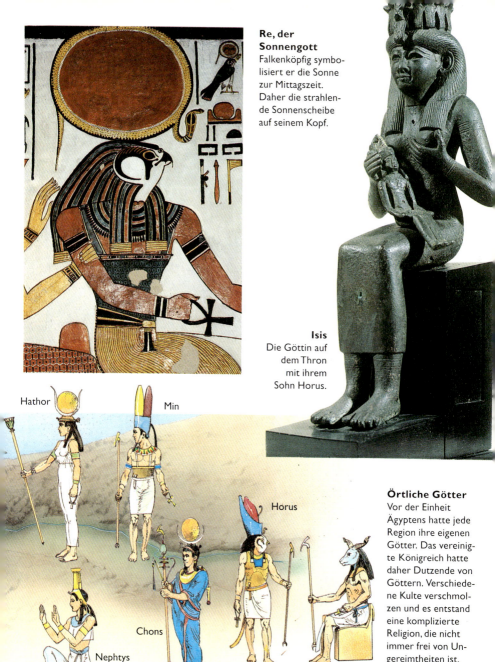

Re, der Sonnengott
Falkenköpfig symbolisiert er die Sonne zur Mittagszeit. Daher die strahlende Sonnenscheibe auf seinem Kopf.

Isis
Die Göttin auf dem Thron mit ihrem Sohn Horus.

Hathor

Min

Horus

Chons

Nephtys

Chnum

Örtliche Götter
Vor der Einheit Ägyptens hatte jede Region ihre eigenen Götter. Das vereinigte Königreich hatte daher Dutzende von Göttern. Verschiedene Kulte verschmolzen und es entstand eine komplizierte Religion, die nicht immer frei von Ungereimtheiten ist.

Die Begräbnisriten

Zwei Begebenheiten bestärken die Ägypter in ihrem unerschütterlichen Glauben an die Unsterblichkeit der Seele: einerseits die heilige Erzählung von Osiris, der erst sterben muss, um dann wieder geboren und Herrscher zu werden, andererseits die tägliche Erkenntnis, dass der Sonnengott Re jeden Abend von der Finsternis übermannt wird, um am nächsten Morgen immer wieder erneut aufzuerstehen.

Um die Unsterblichkeit der menschlichen Seele zu gewährleisten, war es jedoch unumgänglich, den Körper nach dem Tod so unversehrt wie nur möglich zu erhalten. Aus diesem Grund wurden die Leichen mumifiziert, den Toten Nahrung mit auf den Weg gegeben und die Grabstätten mit nützlichen Dingen für das neue Leben ausgestattet.

Zu Beginn des Alten Reiches betrachtete man ein wirkliches Leben nach dem Tod noch als ein Privileg des Pharaos. Das Volk hoffte lediglich, dass etwas von der Unsterblichkeit des Königs auf alle übertragen werde. Später, gegen Ende des Alten Reiches, wurde die Unsterblichkeit das Recht aller, die sich ein Grab und die aufwändigen Bestattungsriten leisten konnten.

Kanopenkrüge
Für jeden Toten stehen vier Krüge zur Verfügung: jeweils für die Leber, die Lungen, den Magen und die Gedärme.

Für den Übergang
Ein Schiffchen, das für die Reise des Toten ins Jenseits bestimmt ist.

DIE MUMIFIZIERUNG

Schon während der 4. Dynastie gibt es den Berufsstand der »Einbalsamierer«, der sich ausschließlich um die Erhaltung des Körpers für die Ewigkeit kümmert.

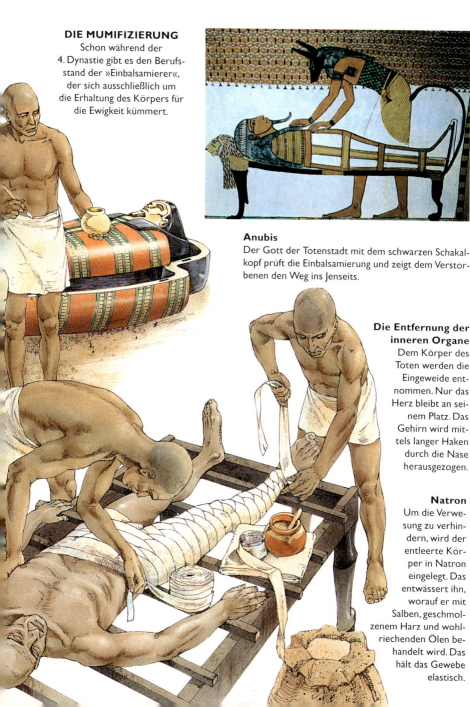

Anubis
Der Gott der Totenstadt mit dem schwarzen Schakalkopf prüft die Einbalsamierung und zeigt dem Verstorbenen den Weg ins Jenseits.

Die Entfernung der inneren Organe
Dem Körper des Toten werden die Eingeweide entnommen. Nur das Herz bleibt an seinem Platz. Das Gehirn wird mittels langer Haken durch die Nase herausgezogen.

Natron
Um die Verwesung zu verhindern, wird der entleerte Körper in Natron eingelegt. Das entwässert ihn, worauf er mit Salben, geschmolzenem Harz und wohlriechenden Ölen behandelt wird. Das hält das Gewebe elastisch.

Die Pyramiden

Schon in vordynastischer Zeit war das königliche Grab ein Zeichen für die Macht der Herrscher. Mit der 3. Dynastie wurde es auch ein Zeichen für die Nähe zu Gott. Die Pharaonen verdeutlichten damit nicht nur ihre Unsterblichkeit, sondern auch ihre irdische Macht, die auch noch nach ihrem Tod andauerte.

Um diesen neuen philosophischen und religiösen Gedanken Ausdruck zu verleihen, ließ sich der königliche Bauherr Imhotep (2670–2650 v. Chr.) etwas Besonderes einfallen. Sein Pharao Djoser, der wichtigste König der 3. Dynastie, wünschte ein Grab, das alle bisherigen übertreffen sollte. Imhotep begann das Bauwerk mit einer ungewöhnlich großen Mastaba (so wurden die

DAS PYRAMIDENFELD VON GISEH
Die Pyramiden von Giseh von Süden gesehen. Die Perspektive verfälscht die Größenordnung der Monumente.

EIN SPRICHWORT
Dieses arabische Sprichwort ist den Pyramiden von Giseh gewidmet, die schon seit über 4500 Jahren existieren:
»Die Zeit fordert alles heraus,
aber die Pyramiden fordern die Zeit heraus«.

Die Pyramide von Mykerinos
Auf der kleinsten Pyramide von Giseh (sie ist nur 66 Meter hoch und der Grundriss beträgt 108×108 Meter) ist noch teilweise die ursprüngliche Granitdecke erhalten.

Gräber der Pharaonen und ihrer Würdenträger damals genannt). Dann beschloss er, das Werk zu erhöhen und eine Reihe von kleiner werdenden Mastaben übereinander zu bauen. Auf diese Weise entstand in Sakkara der früheste nachweisbare pyramidale Steinbau, die Mutter aller Pyramiden, mit stufenförmigen Seiten. Er war das Symbol für eine himmelwärts gerichtete Leiter, die den Pharao hinaufgeleitet sollte. Dieser Gedanke löste eine solche Begeisterung aus, dass in nur 40 Jahren, zwischen 2670 und 2630 v. Chr., elf Pyramiden errichtet wurden. 100 Jahre später, unter der Herrschaft von Snofru, dem ersten Pharao der 4. Dynastie, erhielt sie ihr definitive Gestalt mit glatten Seiten. Diese Veränderung ist beachtlich und weist auf die wachsende

Die Chephrenpyramide
Sie steht schon seit 2520 v. Chr. an diesem Platz, ist 136 Meter hoch (ursprünglich 143 Meter) auf einem Grundriss von 210 × 210 Metern. Auf ihrer Spitze ist noch deutlich ein Rest des Kalküberzugs zu erkennen.

Die Große Pyramide
Die Pyramide von Cheops, dem zweiten Pharao der 4. Dynastie, wurde um 2550 v. Chr. erbaut. Fast zweieinhalb Millionen Steinblöcke waren notwendig, von denen jeder im Schnitt zweieinhalb Tonnen wog. Die Cheopspyramide ist noch etwas größer als die Pyramide von Chephren.

DER BAU DER CHEPHREN-PYRAMIDE
Die Steinblöcke stammen aus den Steinbrüchen von Assuan. Wenn man den Transportweg berücksichtigt, erstreckt sich die Baustelle auf über 800 Kilometer durch ganz Oberägypten.

Wie am Fließband
Alle Arbeiten (Herauslösen, Transport, Formung, Einsetzen usw. der Steine) erfolgen wie am Fließband, um Staus oder Leerlauf zu vermeiden.

Bedeutung des Sonnenkultes hin. Die Kanten der Pyramiden von Giseh übernahmen den Einfall der Sonnenstrahlen. Die steilen Seitenwände waren das steinerne Sinnbild jener göttlichen Strahlen, die vom Himmel kamen. Die beinahe weiße Oberfläche war das Sternenlicht. Der Gipfel weit oben schien unerreichbar.

Die Erbauer der Pyramiden
Viele Männer beteiligten sich mit Begeisterung am Bau der Pyramiden, denn die Zielsetzung war, das ganze Volk nach dem »irdischen« Tod des Pharaos von dessen göttlicher Macht profitieren zu lassen.
Von den sieben Weltwundern hat nur die Cheopspyramide, die Königin der Pyramiden auf dem Feld von Giseh, überlebt.

Die Rampen
Um die riesigen Steinblöcke auf Transportschlitten nach oben zu schaffen, baute man schwach ansteigende Rampen, die nach der Fertigstellung der Pyramide wieder entfernt wurden.

Giseh
Das Pyramidenfeld von Giseh (links Mykerinos, Mitte Chephren, rechts Cheops) von Kairo aus gesehen.

Herodot spricht von 100 000 Männern, die ununterbrochen über 20 Jahre (pro Schicht drei Monate) daran gearbeitet haben müssen. Heute noch gibt es keine gesicherte Erklärung dafür, wie es damals gelungen ist, diesen Steinriesen zu erbauen – in einer Zeit, in der Rad und Eisen nicht bekannt waren, geschweige denn Zahnräder oder Hebewinden. Wie war es unter solchen Bedingungen möglich, drei Millionen Kubikmeter Stein (ein Stein wog über zwei Tonnen) dorthin zu transportieren und so perfekt anzuordnen, dass keine Rasierklinge dazwischen passt, und das bis zu einer Höhe von 150 Metern? Es gibt eine ganze Reihe von Vermutungen über die technische Vorgehensweise. Fest steht, dass die alten Ägypter vom einfachen Arbeiter bis zum höchsten Baumeister hervorragende Hilfsmittel und Methoden gekannt und über besondere Kenntnisse und Erfahrungen verfügt haben müssen. Diese Leistung konnte von den nachfolgenden Generationen zwischen 2700 und 2500 v. Chr. nicht mehr wiederholt werden – so als ob sich die magische Kraft in diesen steinernen Giganten verbraucht hätte.

EINE LANGE ENTWICKLUNGSZEIT
Die ägyptischen Grabstätten, die gewaltigen Pyramiden, sind das Ergebnis einer lang andauernden Entwicklung: Von den einfachen Mastaben bis zu den perfekten Pyramiden von Giseh gab es zahlreiche Fehlversuche.

Die Stufenpyramide
Die Stufenpyramide des Pharaos Djoser in Sakkara besteht aus mehreren kleiner werdenden und übereinander gebauten Mastaben. Die Höhe beträgt 60 Meter, die Grundfläche 121×109 Meter.

Die Mastaba
Die Mastaba ist die älteste Form monumentaler ägyptischer Grabstätten. Das Bauwerk hat nur ein Stockwerk und die Wände sind leicht geneigt.

Die eigentliche, perfekte Form
Die vollendete Pyramide ist die von Cheops, die größte der Pyramiden von Giseh. Der Grundriss beträgt 230×230 Meter, die Höhe 146 Meter.

Die Pyramide von Snofru
Diese so genannte Knickpyramide wurde in Dahschur gebaut. Der Neigungswinkel beträgt unten 54° 27' und oben 43° 22'. Der Grundriss beträgt 188×188 Meter, die Höhe 97 Meter.

DIE BAUTECHNIKEN

Es ist schwierig, die Vorgehensweise der alten Ägypter beim Bau der Pyramiden genau nachzuvollziehen. Es gibt zahlreiche Vermutungen und viele Zweifel.

Die Zickzack-Rampe
An jeder Seite der Pyramide wurde ein Rampe bis zum Gipfel gebaut.
Zweifel: Die mäßige Neigung eignet sich für die Verkleidung, nicht aber für den Bau.

Die Schrauben-Rampe
Hier handelt es sich um eine einzige Rampe, die sich spiralförmig um die gesamte Pyramide hochschlängelt. Neigung von fünf bis siebeneinhalb Prozent, Breite etwa 15 Meter.
Zweifel: Wie wird das Problem der Kehren gelöst, insbesondere in der Nähe des Gipfels?

Die seitliche Rampe
Diese im rechten Winkel auf die Pyramidenseiten zuführenden Rampen wurden mit dem Bau erhöht und verlängert. Zweifel: Um den Gipfel der Cheopspyramide zu erreichen und eine Neigung von etwa zehn bis zwölf Grad beizubehalten, hätte die Rampe über eineinhalb Kilometer lang sein müssen.

Das Geheimnis der Sphinx

Das Bild der Sphinx, eines Wesens aus Menschenhaupt und Löwenleib, kennen wir erst seit der Zeit des Radjedef, des direkten Vorgängers von Chephren. Die Vollkommenheit, mit der die beiden an sich nicht zueinander passenden Elemente bei der großen Sphinx auf die riesigen Proportionen übertragen worden sind, ist erstaunlich. Der sich hinter dieser Schöpfung verbergende religiöse Sinn ist bis heute nicht klar, da kein Dokument des Alten Reiches überliefert ist, das darüber berichtet. Möglicherweise sollte die Sphinx das Pyramidenfeld bewachen. Vielleicht hat man ihr bewusst die Gesichtszüge des Pharaos Chephren verliehen. Es handelt sich in jedem Fall um eine sehr symbolträchtige Figur. Der Tempel vor der Sphinx weist gewisse Ähnlichkeiten mit Sonnenheiligtümern der 5. Dynastie auf. Erst ein Jahrtausend danach identifizierten die Ägypter dieses Kolossalbildnis mit Harmachis, »Horus am Horizont«. Als Napoleon Bonaparte Ägypten erreichte, ragten nur der Kopf der Sphinx, der Hals und ein kleiner Teil des Rückens aus dem Sand. Die französischen Wissenschaftler, die Napoleon begleiteten und die wie alle Europäer damals noch keine Vorstellung von der ägyptischen Kultur haben konnten, dachten, die Sphinx sei eine Darstellung des Sternzeichens der Jungfrau. Die Arbeiten zur »Befreiung« der Sphinx begannen 1816, wurden nach einer Unterbrechung unter der Leitung von Auguste Mariette 1853 fortgesetzt und 1866 vollendet. Damals stellte man fest, dass in den Jahrtausenden seines Bestehens dieses Werk mehrmals vom Sand befreit worden war. Zum ersten Mal geschah dies unter Tuthmosis IV. im Neuen Reich, dem Pharao der 18. Dynastie, der auf einer Stele das

Der Gigant taucht aus dem Sand auf
So erschien die Sphinx der französischen Expedition im Gefolge Napoleons. Die Abbildung wurde erstmals in dem umfangreichen Werk *Beschreibung Ägyptens* veröffentlicht.

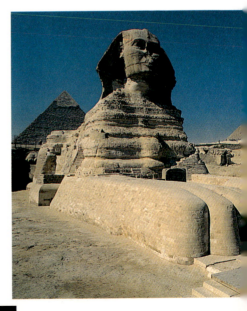

Undurchschaubar wie die Sphinx
Obwohl das Antlitz der Sphinx so undurchschaubar erscheint, gibt es doch wertvolle Hinweise: Kleinste Farbspuren lassen darauf schließen, dass die Statue ursprünglich vollständig bemalt war.

»Lebende Statue«
»Sphinx« ist ein griechisches Wort, das aus dem Ägyptischen abgeleitet wurde und »lebende Statue« bedeutet. Die monumentale Skulptur, die aus einer natürlichen Kalksteinerhebung geformt wurde, ist 57 Meter lang und 20 Meter hoch.

Ereignis festgehalten hat. Dieses Steinmonument wird »Traumstele« genannt, weil darauf zu lesen ist, dass dem Pharao im Traum der Gott Horus erschienen ist und ihn bat, vom Sand befreit zu werden. Die Stele befindet sich heute noch zwischen den Vorderpranken der Sphinx.

Die Freilegung und Reinigung der Sphinx beeinträchtigt den schlechten Bauzustand weiter. Der Körper ist bereits schwer beschädigt. Manche Teile sind trotz Denkmalschutz nicht zu retten. Durch die von unten heraufdringende Feuchtigkeit lösen sich die Salze des alten Mörtels auf und trocknen dann wieder, was die Erosion beschleunigt. Das Fehlen der Nase, das der Sphinx ihr sprichwörtliches, geheimnisvolles Lächeln verleiht, ist aber nicht auf Umwelteinflüsse zurückzuführen. Vermutlich wurde sie bei Schießübungen der Mamelucken zerstört. Teile der Nase befinden sich im Museum von Kairo.

Die Erste Zwischenzeit

Mit dem Ende der 6. Dynastie verlor die Lebensweisheit von Maat, ein Leben in Ordnung, Sicherheit und Harmonie zu führen, ihre Gültigkeit. Das alte Machtgefüge zerfiel. Hinzu kamen Hungersnöte, die durch eine Reihe von Überschwemmungen verursacht wurden.

Die durch Pepi II. eingeleitete Dezentralisierung der Verwaltung am Ende des Alten Reiches entzog dem König immer mehr Macht. Die Provinzvorsteher, die vormals in ihren Regionen treue Stellvertreter des Königs waren, entwickelten sich zu mächtigen Gaufürsten. Sie schwächten die Monarchie, worunter die Pharaonen von der 7. bis zur 11. Dynastie zu leiden hatten. Es kam zur Krise der so genannten Ersten Zwischenzeit, die um 2200 v. Chr. begann. Die Dauer schwankt je nach Meinung der verschiedenen Forscher zwischen 100 und 190 Jahren. Aus den wenigen Schriftstücken jener Zeit geht hervor, dass einige machthungrige Gaufürsten eigene Armeen bildeten und sich gegenseitig bekämpften. Jeder behauptete von sich, der neue König zu sein, gründete eine eigene Dynastie und legte eine Erbfolge fest. Fortan war er bereit, die Interessen seiner Provinz mit Waffengewalt durchzusetzen.

Das Brot
Die Statuette von 2200 v. Chr. zeigt, wie der Weizen mit Hilfe von kleinen Steinmörsern gemahlen wurde.

Das Bier
Diese kleine Figurengruppe zeigt Frauen beim Filtern der Gerste.

Die Lage wurde noch dadurch erschwert, dass umherstreifende Hirtenvölker als Nomaden immer wieder in das Delta einfielen. Sie waren auf der Suche nach neuem Weideland und äußerst angriffslustig und kompromisslos.

Sichtbare Spuren dieser verheerenden Entwicklung zeigen sich in den Grabstätten der Gaufürsten. Sie sind nicht wie die Grabmonumente der bisherigen Pharaonen in Memphis zu finden, sondern über ganz Oberägypten verstreut. Die unscheinbaren Gräber der Gaufürsten, die heute nur noch Ruinen sind, hatten nichts gemeinsam mit den gewaltigen Pyramiden der Pharaonen. Unordnung, Zerfall, Gewalt und Chaos prägten das Land.

Trotzdem wurden noch ehrgeizige Pläne verwirklicht: Cheti III. ließ Kanäle bauen, die Memphis mit den anderen Zentren des Deltas verbanden. Mentuhotep I. und später Mentuhotep II. (derjenige, der die Wiedervereinigung des Landes vorantrieb) ließen entlang den Verbindungsstraßen zwischen dem Nil und dem Roten Meer Brunnen bauen, um schneller die Goldminen und Basalt-Steinbrüche zu erreichen.

Die Erste Zwischenzeit war also kein wirklicher und lange anhaltender Verfall des Reiches. Die Provinzvorsteher kümmerten sich um ihr Privateigentum und unternahmen größte Anstrengungen, damit ihre Region wirtschaftlich erfolgreicher war als die der Nachbarn.

Die künstlerischen und architektonischen Leistungen konnten sich allerdings nicht mehr mit den überragenden Werken des Alten Reiches messen. Dafür entwickelte sich die Literatur. In ihr kam die Sehnsucht nach einer schöneren Vergangenheit zum Ausdruck, die Trauer um die verlorene Größe und Macht und die Niedergeschlagenheit angesichts der Unsicherheit und der Verarmung im Land. Ein Gedicht aus dieser Epoche, *Der Gesang des Harfenspielers*, gehört zu den Meisterwerken der Weltliteratur.

Wiedervereinigung
Mentuhotep II. in einer steifen Pose. Der Herrscher wird in seiner majestätischen Haltung kunstvoll und beeindruckend als Osiris mit roter Krone und Götterbart dargestellt. Vermutlich ist diese Statue als Würdigung des Stils des Alten Reiches gedacht und dadurch als Zeichen für dessen Fortsetzung zu verstehen.

Fresko aus dem Grab von Iti
(Um 2100 v. Chr.) Im Grab dieses Prinzen aus der Ersten Zwischenzeit wird die Opferschlachtung eines Ochsen gezeigt.

Skulpturen
In der Bildhauerei werden vorzugsweise Alltagsszenen dargestellt, wie bei dieser Statuette, die einen Bauern darstellt, der ein Kalb auf den Schultern trägt.

Das Mittlere Reich

Trotz der Ereignisse, die das Ende des Alten Reichs herbeiführten, wurde die Vorstellung von einer einzigen und zentralen Macht nicht aufgegeben. Doch die neuen Pharaonen haben nicht mehr wie ihre Vorgänger im Alten Reich die absolute Kontrolle über den Staat.

Die Wiedervereinigung Ägyptens, die um 2050 v. Chr. von Mentuhotep II. vorangetrieben wurde, konnte von den Prinzen der 12. Dynastie aus Theben vollendet werden. Dadurch verlor im Mittleren Reich (1990 bis 1785 v. Chr.) Memphis weiter an politischer Bedeutung, blieb jedoch wirtschaftlich mächtig. Theben in Oberägypten wurde die neue Hauptstadt. Allerdings bevorzugten es einige Pharaonen, in den von üppiger Vegetation umgebenen Städten des Fayum zu residieren. Die Grenzen des Reiches blieben in dieser Zeit fast unverändert. Die sieben Könige dieser Dynastie hatten drei klare Ziele: den Einfluss der Gaufürsten zu schwächen, um den nach der alten Rangordnung gegliederten, pyramidalen Staat wiederherzustellen; durch die Erschließung neuer Minen und Steinbrüche den Wohlstand im Land wieder zu erhöhen; die Levante wieder ganz unter ägyptische Kontrolle zu bringen, um so den Handel am östlichen

DAS NILDELTA
stellt die Verbindung zu den fremden Völkern her, die es den Ägyptern nach Jahrhunderten der Isolation erlaubt, mit anderen Ländern Handelsbeziehungen zu knüpfen. Es ist aber auch ein Einfallstor für Eindringlinge.

Memphis
Obwohl sie nicht mehr als Ha[upt]stadt dient, bleibt diese Stadt eines der bedeutendsten wirt[s]chaftlichen Zentren.

Mittelmeer beherrschen zu können. Der Erfolg zeichnete die 12. Dynastie aus. Unter Sesostris III. (1878 bis 1842 v. Chr.) hatten die vom König eingesetzten Provinzvorsteher bereits die eigenmächtig handelnden Gaufürsten entmachtet. Dadurch konnte der Staat wieder zentral regiert werden. Weitere Bereiche des Fayum wurden fruchtbar gemacht. Es entstanden dort nicht nur landwirtschaftlich intensiv genutzte Felder, sondern auch herrliche Gärten. Sesostris III. führte auch erfolgreiche militärische Aktionen durch. Sein Heer eroberte den Norden Nubiens, das Land des Goldes. So konnte die Route zu den Goldbergwerken gesichert werden.

Gleichzeitig wurde die alte ägyptische Vorherrschaft im Osten wiederhergestellt und in friedlichem Einvernehmen die führende Rolle im Handel mit Kreta gesichert. Um die Grenzen zu verteidigen, errichteten die Pharaonen zahlreiche Festungen bei Suez, die so genannte *Mauer des Prinzen* entlang der nubischen Grenze.

Das Mittlere Reich war also eine Phase des Gleichgewichts. In dieser Zeit gewann Amoun, der Gott von Theben, stark an Bedeutung. Er wurde fortan im ganzen Land verehrt. Im kulturellen Bereich kam ein gesundes Misstrauen in die menschlichen Tugenden zum Ausdruck. Leider sind kaum Bauwerke aus dieser Zeit erhalten geblieben, doch zahlreiche Statuen zeugen von den neu gewonnenen Einsichten. Die Bildhauer stellten die Pharaonen nicht mehr wie im Alten Reich dar: Die in sich ruhende Kraft von damals war einer unge-

Aus Vorderasien
Ein asiatischer Nomade bringt auf dem Rücken eines Esels Waren nach Ägypten.

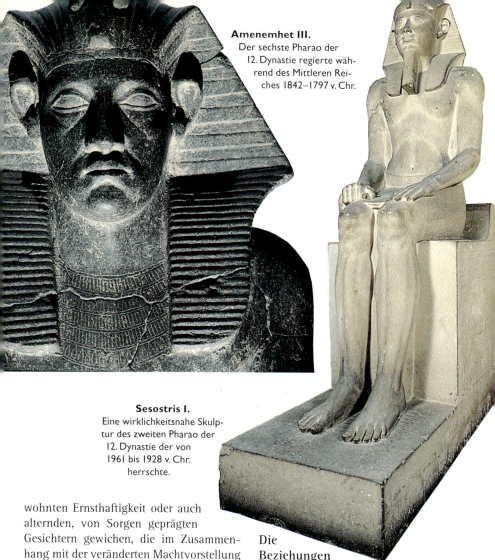

Amenemhet III.
Der sechste Pharao der 12. Dynastie regierte während des Mittleren Reiches 1842–1797 v. Chr.

Sesostris I.
Eine wirklichkeitsnahe Skulptur des zweiten Pharao der 12. Dynastie der von 1961 bis 1928 v. Chr. herrschte.

wohnten Ernsthaftigkeit oder auch alternden, von Sorgen geprägten Gesichtern gewichen, die im Zusammenhang mit der veränderten Machtvorstellung der Pharaonen zu sehen ist. Sie hatten die Lektion des Ersten Zwischenreiches gründlich gelernt. Dem König reichte es nicht mehr, seinen göttlichen Auftrag zu erfüllen: Er musste seine Untergebenen besser kennen lernen und seine Pflichten als Staatenlenker erfüllen.

Die Beziehungen zum Ausland

Die landwirtschaftliche Produktion hatte im Mittleren Reich wieder ihre alte Höchstleistung erreicht. Somit konnte sich in den Städten auch das Handwerk wieder erfolgreich entfalten, was zur Bildung einer wohlhabenden Mittelschicht führte. Allmählich überstieg nicht nur das Angebot landwirtschaftlicher, sondern auch das Angebot handwerklicher Produkte die Nachfrage. Vor allem Wertgegenstände wie Goldschmuck, Parfum und Felle gab es inzwischen im Überfluss. Für diese und andere Waren mussten neue Käufer gefunden werden. Bald brachten die phönizischen Schiffe die kostbare ägyptische Ware in alle Häfen des Mittelmeers. Im Gegenzug wurden Holz, Zinn und Silber nach Ägypten gebracht. Aus Kreta, das über alle ägäischen Inseln herrschte, kamen Wein und Öl, die sich bald wegen ihrer hohen Qualität in ganz Ägypten großer Beliebtheit erfreuten. Um die Handelsbeziehungen mit den östlichen Mittelmeerländern noch stärker zu

Das bauchige Schiff
Das hochseetüchtige und stabile Schiff der Phönizier hat runde Formen, mehr Masten und Takelage und ist jederzeit in der Lage, das Mittelmeer zu überqueren.

Die Schiffe der Kreter
Man erkennt sie am stark verlängerten Bug und am Doppelsegel, das an nur einem Mast befestigt ist.

Die Abgaben
Alle eintreffenden Waren gehen zunächst an den Pharao und müssen dem Schreiber vorgelegt werden. Die Abgaben werden an Ort und Stelle erhoben.

fördern, wurde die Bildung phönizischer, syrischer und kretischer Handelsniederlassungen im Delta erlaubt.

Der Fayum

Eines der Ziele, das sich die Pharaonen des Mittleren Reiches gesetzt hatten, war die verstärkte Landgewinnung im Fayum, einer Oase südwestlich von Memphis. Sesostris II. begann mit dem Bau einer großen Anlage, der von seinen Nachfolgern fortgesetzt wurde.

Die Schiffe der Phönizier
Man erkennt sie am Pferdekopf, der den Bug ziert.

DER HAFEN
Schiffe in einem Deltahafen: Die ersten Geschäfte werden unmittelbar nach der Ankunft am Strand getätigt, wo die Matrosen ihren Lohn (Getreide, Öl oder Wein) gegen Kleider, Obst oder Gemüse tauschen.

Der große See im Fayum, der Birket Qarun oder Moeris, wurde besser genutzt, indem man sein Wasser in ein weit verzweigtes und gut durchdachtes Kanalsystem leitete. Dadurch entstand eine landwirtschaftliche Region, die noch heute zu den fruchtbarsten des Landes gehört.

Die riesige Oase Fayum wirkte wie ein Magnet. Die Zuwanderung war enorm. Es entstanden zunächst Dörfer, große Bauernhöfe und Tempel, die dem örtlichen Gott Sobek mit einem Krokodilskopf huldigten, danach Herrschaftshäuser, die vorerst nur als Orte der Erholung von den Pharaonen geschätzt wurden. Später ließen sie dort auch ihren Herrschaftssitz und ihr Grab erbauen und ein Tempel durfte auch nicht fehlen. Erstmals wurde mit einer Mischung aus Stein und Schlammziegeln gebaut, die sich be-

EIN ORT FÜR REICHE

Ein Haus im Fayum können sich nur sehr reiche Ägypter leisten. Neben dem Pharao und Mitgliedern der königlichen Familie besaßen nur herausragende Beamte oder hohe Würdenträger einen Wohnsitz im Fayum. Ein winziges Stück Land war dort mehr wert als ein ganzes Haus in Theben.

Auf dem Dach

Für die Bediensteten und die Kinder ist die Dachterrasse ein Ort der Erholung und der Entspannung. Man erfrischt sich mit Wasser aus dem Krug, der von einem Diener aufgefüllt wird, man spielt oder erledigt einfache Arbeiten im Schatten.

währte. Die Nähe von Tempel, Palast und Grab, das wieder als Pyramide errichtet wurde, erinnert an das Alte Reich, dessen erfolgreiche politische und wirtschaftliche Verhältnisse damit wieder zum Leben erweckt wurden.

Im komfortablen Bauernhof
Der Fayum war zu einer beliebten Region geworden. Während des Mittleren Reiches entstanden dort sehr große landwirtschaftliche Betriebe, die gleichzeitig vornehme Herrschaftshäuser waren. Der typische Hof von damals war vielfältig und in mehr Bereiche gegliedert als heute: Die Ställe, die Vorratskammern, die Metzgerei, die Brauerei, die Töpferei, die Schreinerei und manchmal noch weitere Einrichtungen ge-

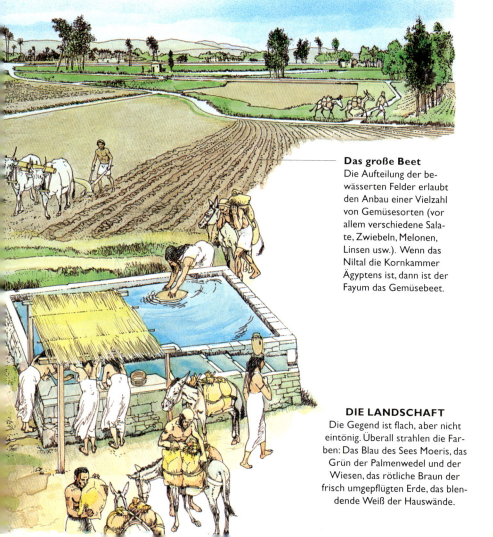

Das große Beet
Die Aufteilung der bewässerten Felder erlaubt den Anbau einer Vielzahl von Gemüsesorten (vor allem verschiedene Salate, Zwiebeln, Melonen, Linsen usw.). Wenn das Niltal die Kornkammer Ägyptens ist, dann ist der Fayum das Gemüsebeet.

DIE LANDSCHAFT
Die Gegend ist flach, aber nicht eintönig. Überall strahlen die Farben: Das Blau des Sees Moeris, das Grün der Palmenwedel und der Wiesen, das rötliche Braun der frisch umgepflügten Erde, das blendende Weiß der Hauswände.

hörten zur Grundausstattung. Natürlich gab es auch Gemüsebeete, Gehege für die Tiere, Waschräume, Öfen und Wasserzisternen. Das Herrschaftshaus hatte einen rechteckigen Grundriss, war meist nur einstöckig und bot viel Raum für anspruchsvolle Gäste (Atrium, Garderobe, Salon, Innenhöfe). Zahlreiche kleinere Räume dienten den Gastgebern und Bewohnern (Schlafzimmer, Arbeitszimmer, Bad, Toilette, Erholungs- und Spielzimmer, Esszimmer). Ein großer, von Bäumen beschatteter Garten mit Terrassen und Becken umschloss den »öffentlichen« Bereich des Anwesens. Hier im Freien, und nur selten in den geschlossenen Räumen, spielte sich das Leben ab. Die Ägypter betonten nicht so sehr ihren Reichtum als vielmehr die Kunst, ihn zu genießen. In einem Herrschaftshaus zu leben bedeutete, aktiv am gesellschaftlichen Leben teilzunehmen, Gäste zu empfangen und mit Eleganz und Ausgewogenheit Feiern zu veranstalten, und das alles immer auf äußerst raffinierte und geschmackvolle Weise.

Nubien

Neben dem Fayum erregte auch Nubien das Interesse der Ägypter. Es wurde nicht nur »Land des Goldes«, sondern auch »Land des Bogens« genannt. Ohne Zweifel würdigte man damit die Geschicklichkeit der nubischen Bogenschützen. Gold und Elfenbein aus Nubien waren für die Ägypter von größter Bedeutung. Unternubien, das Gebiet südlich des ersten Katarakts, galt zunächst als selbstständiges Ausland, dessen Bevölkerung aber schon während des Alten Reiches von dort bis hinter den dritten Katarakt vertrieben worden war. Ab 2400 v. Chr. gründeten die Nubier ein gut

BEGINN EINES FESTES
In der Abenddämmerung begeben sich die Hausherren mit ihren Gästen in den Garten und erfreuen sich an den Wasserlilien und den Zierpflanzen.

Tischspiele
In einer ruhigen Ecke sitzen an einem niedrigen Tischchen einige Gäste und verschieben mit dünnen Elfenbeinstäben die Figuren des Spiels »Hund und Schakal«. Manchmal sind die Wetteinsätze sehr hoch.

Die Vorstellung
Musik und Tanz zur Unterhaltung der Gäste. In ihren wehenden Gewändern bewegen sich die Tänzerinnen anmutig zur Musik der Harfe, der Zither und der Doppelflöte.

Das Buffet
Enten- und Ochsenbraten, frischer Fisch, Obst und Gemüse, Gebäck und Datteln, Bier und Wein – so viel das Herz begehrt.

Kerma
Das Zentrum der Handelsniederlassung mit Tempel und Rundhütte für die Verhandlungen.

Imposant und wirkungsvoll
Neben den Tempeln und den Pyramiden bilden die Festungen einen weiteren Höhepunkt der architektonischen Kunst der Ägypter.

Uronarti
Die Festung von Uronarti wurde auf einer Insel im Nil gebaut.

organisiertes Reich. Während der 12. und 13. Dynastie befand sich diese Region unter ägyptischer Herrschaft. Die militärischen Expeditionen der Ägypter waren erfolgreich nach Süden vorgestoßen und hatten eine Reihe von 18 Festungen entlang des Nils gebaut. Zwischen Elephantine und dem dritten Katarakt waren alle Schlüsselpositionen von den Ägyptern besetzt. Dazu zählten Uronarti, Buhen, Semne und Mirgissa (manche Städte sind heute unter dem Nasser-See verschwunden, wurden jedoch teilweise wieder aufgebaut). Als südlichster Vorposten galt Kerma, obwohl es in nubischer Hand war. Trotz der kriegerischen Auseinandersetzungen entstand dort eine erfolgreiche Handelsstation.

Die Festung von Buhen
Diese Furcht einflößende Festung (etwa 500 Meter lang und 200 Meter breit) wurde zur Zeit Sesostris I. aus ungebrannten Ziegeln gebaut. Sie wird von einem äußeren, vier Meter breiten und fünf Meter hohen Wall umgeben, der von halbrunden Bollwerken unterbrochen ist. Der Hauptwall dahinter ist etwa zehn Meter hoch und hat quadratische Türme.

GOLD UND RUHM
Nubien ist kein fruchtbares Land. Doch die Eroberung bringt den Ägyptern einen wahren Goldsegen und viel Elfenbein. Zudem stärkt der militärische Erfolg die Einheit des Landes.

Grenzkrieg
Um länger anhaltende Belagerungen zu vermeiden und um die Angreifer daran zu hindern, Breschen in die Mauern zu schlagen oder mit Leitern die Festung zu stürmen, begaben sich die Ägypter in kurzen, aber heftigen Angriffswellen vor die Mauern ihrer Festung.

Die Zweite Zwischenzeit

Die Einheit ist nicht von langer Dauer: Es folgte eine neue Krise, über deren Ursachen man bis heute nur Vermutungen anstellen kann. In dieser zweiten Übergangszeit wurde das Land wieder geteilt. Darauf folgten Fremdherrschaft und ein Befreiungskrieg.

Der Reichtum Ägyptens bescherte dem Land nicht nur neue, kostbare Waren und friedfertige Ausländer. Mit dem Ende der 12. Dynastie 1786 v. Chr. endete auch das Mittlere Reich. Über die Zweite Zwischenzeit gibt es nur wenige Zeugnisse. Sie dauerte bis 1570 v. Chr. und begann mit der neuerlichen Teilung des Landes. Im Süden herrschte die 13. Dynastie und die 14. im Norden.

Vermutlich waren wieder wie beim Zerfall des Alten Reiches mächtige Gaufürsten aufgekommen, die vor allem am Wohlergehen ihrer Region interessiert waren, ohne Rücksicht auf das ganze Reich zu nehmen. Die Gebiete in Nubien und Syrien gingen verloren.

Die Zersplitterung schwächte das Land, das dadurch für die Gefahr, die vom Orient drohte, gänzlich unvorbereitet war. Über Jahrhunderte hinweg drangen immer wieder Nomaden in das Delta ein. Sie durchquerten die unwirtliche Sinaihalbinsel auf der Suche nach Weideland. Solange die Eindringlinge hart arbeiteten und nicht zu anspruchsvoll waren, wurden sie stets geduldet. Doch mit dem Zerfall der zentralen Macht in Ägypten konnten nachfolgende Nomaden ungehin-

ZUWANDERER
Nomadengruppen gelangten immer öfter an die östliche Grenze Ägyptens, mit der Bitte, sich auf den üppigen Weiden des Deltas niederlassen zu dürfen.

dert einwandern. Aus vereinzelten Eindringlingen wurde eine Völkerwanderung, der ein Eroberungskrieg folgte.

Die Invasion der Hyksos

Alles begann um 2000 v. Chr., als nach Unruhen in Vorderasien unzählige Stämme die nördlichen Hochebenen verließen und das Gleichgewicht des gesamten Orients störten. Die Wanderungsbewegung erreichte über die Handelswege Ägypten. Die Fremden wurden Hyksos genannt (nach der griechischen Wiedergabe eines ägyptischen Begriffs mit der Bedeutung »Herrscher aus einem fremden Land«). Diesmal handelte es sich aber weder um Hirten noch um schlecht organisierte Räuberbanden, sondern um echte Krieger, die zudem

Wer in friedlicher Absicht kommt
Ägypten nimmt wohlwollend jeden auf. Er muss sich aber von einem Schreiber zählen und registrieren lassen.

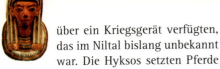

über ein Kriegsgerät verfügten, das im Niltal bislang unbekannt war. Die Hyksos setzten Pferde ein, die in rasender Geschwindigkeit Streitwagen in die Schlacht zogen. Gegen diese neue Kriegsführung blieb der Widerstand der ägyptischen Soldaten, die nur zu Fuß kämpften, vollkommen wirkungslos. Es handelte sich also nicht so sehr um eine feindliche Invasion als vielmehr um einen schnellen Vorstoß mit wenigen, gewaltsamen Zusammenstößen.

Um 1730 v. Chr. hatten die Hyksos das östliche Delta besetzt, wo sie ihre eigene Hauptstadt Auaris gründeten. Bereits 1674 v. Chr. herrschten sie über ganz Ägypten und machten die ägyptischen Gauführer tributpflichtig, das heißt, sie mussten Abgaben an die neuen Herrscher entrichten. Die Vorherrschaft der Hyksos be-

STEUERN
Die Hyksos beseitigen nicht die besiegten Gaufürsten, sondern unterwerfen sie und erhalten von ihnen Tribute.

Die Streitwagen kommen
Mühelos dringen die Streitwagen der Hyksos in die Reihen der machtlosen ägyptischen Fußsoldaten ein und schlagen sie in die Flucht.

Eine neue Art der Kriegsführung
Bis zum Einfall der Hyksos kannten die Ägypter nur den Esel und nicht das Pferd. Doch sie machten sich das neue Tier rasch zu Eigen und setzten es später auf kluge Weise gegen die Hyksos selbst ein.

schränkte sich nicht auf Raub und Ausbeutung. Sie wollten sich im fremden Land langfristig niederlassen und als Einheimische geachtet werden. Die Hyksos gründeten eigene Dynastien (15. bis 16.), die neben den ägyptischen (13. bis 14.) gezählt werden. Es gelang ihnen recht schnell, gute Beziehungen zu den nubischen Königen im Süden herzustellen und sich mit einigen Gauführern im Norden zu verbünden, die ihrer Kontrolle entschlüpft waren.

Die Könige von Theben befanden sich in einer sehr schwierigen Lage. Um 1650 v. Chr. organisierten sie einen Aufstand. Daraus entstand ein Befreiungskrieg, der von Kamose, dem letzten Pharao der 17. Dynastie, angeführt und von Ahmose, dem Gründer der 18. Dynastie, siegreich beendet werden konnte. Während der Herrschaft der Hyksos wanderten auch hebräische Stämme in Ägypten ein und blieben fast 400 Jahre im Land.

Das Neue Reich

Das Neue Reich war in jeder Hinsicht ein goldenes Zeitalter. Ägypten löste sich aus seiner Isolation und wurde ein wichtiger Bestandteil der internationalen Politik. Es musste sich aber auch mit den Völkern des Vorderen Orients messen, die politisch und militärisch weit fortgeschritten waren.

Nachdem die Herrschaft der Hyksos abgeschüttelt worden war, begann das Neue Reich (1570-1085 v. Chr.). Dies war die Blütezeit Ägyptens. Die damalige Bevölkerung wird auf fünf bis acht Millionen Einwohner geschätzt. Die Pharaonen unterwarfen zahlreiche Nachbarvölker, verbündeten sich mit mächtigen Staaten, die in Kleinasien und in Mesopotamien entstanden waren (die Reiche der Babylonier, der Assyrer und der Hethiter), und schufen ein großes Netz wirtschaftlicher Beziehungen mit allen am östlichen Mittelmeer gelegenen Ländern. Darauf beruhte zum großen Teil der wieder wachsende Wohlstand Ägyptens. Die Eroberungskriege begannen mit Thutmosis I., dem dritten Pharao der 18. Dynastie, der einen weiteren Teil Nubiens (bis zum vierten Katarakt) eroberte. Zum ersten Mal in der Geschichte Ägyptens taucht hier ein Vizekönig auf. Thutmosis I. benannte einen Stellvertreter, der die Regierung der zum ägyptischen Reich gehörenden Regionen Nubiens übernahm. Die militärischen Unternehmungen von Thutmosis I. waren die weitesten Vorstöße, die je ein ägyptischer König unternahm.
Die Grenzen Ägyptens reichten jetzt im Süden bis in die Region von Kurgus, im Norden bis an

Abu Simbel
Der Kopf einer der Kolossalstatuen des Tempels von Ramses II.

DAS HERZ DES IMPERIUMS

Auch wenn die Eroberungskriege im Norden und im Süden stattfinden, bleiben Mittelägypten und insbesondere Theben das Zentrum des politischen und religiösen Lebens. Kurzfristig wird es in seiner Rolle als Hauptstadt von dem untergegangenen Achet-Aton an der Stelle des heutigen Tell el-Amarna abgelöst. Abu Simbel ist das Tor nach Nubien.

Tell el-Amarna
Bemalte Kalksteinbüste der Königin Nofretete. Gefunden wurde sie in den Ruinen der von Amenophis IV. (dem späteren Echnaton) auf dem Gelände des heutigen Tell el-Amarna gegründeten Hauptstadt Achet-Aton.

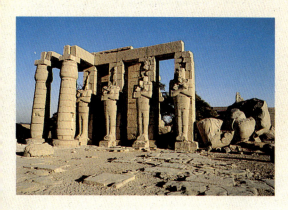

Theben
Reste des Totentempels von Ramses II., dem so genannten Ramesseum, im Osten Thebens.

 den Euphrat. Nach dem Tod seines Nachfolgers, Thutmosis' II., geschah wieder etwas noch nie Dagewesenes und Einzigartiges in der ägyptischen Geschichte: Hatschepsut – eine Frau – bestieg den Pharaonenthron. Im Namen ihres Sohnes, Thutmosis' III., regierte sie 20 friedliche Jahre lang das Land. Im Jahr 1504 v. Chr. übernahm ihr Sohn die Regierung des Landes. Thutmosis III. verstärkte die Machtposition Ägyptens, indem er wieder Eroberungskriege führte. Er hatte die wirtschaftlichen Vorteile erkannt, die sich aus den über die Grenzen des Landes hinausführenden Feldzügen ergaben. Diese führten ihn 17-mal nach Asien, wo er die Städte der Phönizier unterwarf und die Ufer des Euphrats überschritt. Zum ersten Mal wurde ein ägyptischer König zu einem international machtvollen Politiker. Ihn und seine Nachfolger Amenophis II., Thutmosis IV. und Amenophis III. erreichten Huldigungsschreiben aus fast allen Städten des Vorderen Orients. Das Ansehen der Dynastie und die Verbindung zu anderen Ländern wuchs zudem durch die geschickte Heiratspolitik mit ausländischen Prinzessinnen. In dieser Zeit erstreckte sich die ägyptische Vormachtstellung auch auf Zypern und Kreta. Aber all dies wurde durch die Thronbesteigung Amenophis' IV. gefährdet, der keine kriegerischen Neigungen zeigte und sich fast ausschließlich um die Religion kümmerte.

Sethos I.
Er gehört zur 19. Dynastie und gilt als einer der großen Pharaonen des Neuen Reiches. Hier wird er gemeinsam mit der Himmelsgöttin Hathor gezeigt, die zwischen dem Kuhgehörn die Sonnenscheibe trägt.

Der Totentempel der Hatschepsut
Der Terrassentempel in Der el-Bahri, der für Hatschepsut, die Mutter von Thutmosis III., gebaut wurde, ist ein architektonisches Meisterwerk. Perfekt fügt er sich in die Landschaft ein, indem er mit den Felsen zu verschmelzen scheint. Er versinnbildlicht die Einheit von Licht und Stein.

Thutmosis III.
Überragender Pharao der 18. Dynastie. Er war einer der größten Eroberer der Antike.

Theben: die Hauptstadt

Die Pharaonen regierten immer noch von Theben aus. Sie standen nach wie vor an der Spitze einer so genannten pyramidalen Verwaltung, die sich auch im Neuen Reich bewährte. Theben wuchs weiter: Neben den Beamten, den Priestern und den Soldaten, die schon dort lebten, zog die Stadt Menschen an, die die verschiedensten Berufe ausübten und es verstanden, die Chancen zu nutzen, die ihnen ein ständig größer werdendes Reich bot. Sie bildeten eine Mittelschicht, die Theben nicht nur zum Verwaltungszentrum, sondern auch zum wichtigsten kulturellen und künstlerischen Zentrum des Landes machte. Der größere und zugleich älteste Teil der Stadt erstreckte sich am Ostufer des Nils um die Tempel von Luxor und Karnak, die dem Ortsgott Amun gewidmet waren. Diese Tempelanlagen waren das Symbol des Neuen Reiches, so wie es die Pyramiden von Memphis für das Alte Reich gewesen waren. Sie verhalfen auch dem Gott Amun dazu, bald im ganzen Land verehrt zu werden. Am Westufer des Nils wohnten Arbeiter und Bauern. Jenseits davon, in den Felsen, entstanden die Totentempel und Gräber der Pharaonen und ihrer Frauen. Der Nil bildete die Trennlinie zwischen der Welt der Lebenden und der Welt der Toten.

Der Hof

Das »Große Haus« war der Palast des Königs, in dem er mit seiner Familie und seinem Hofstaat residierte. Drei Königinnen standen an der Seite des Pharaos: die »Mutter des Königs«, die »Gemahlin des Königs« und die »große

DIE STADT DES AMUN
Die Ägypter nannten die Hauptstadt des Neuen Reiches Niut-Amun, woraus später der biblische Name Theben entstand.

Die Straßen
Sie sind eng und voller Leben, wie in den meisten Städten Ägyptens.

Die Wohnhäuser
Es gibt keine reichen und armen Viertel. Die Häuser können ein- oder mehrstöckig sein und haben kleine Fenster, damit es innen frisch bleibt. Die Flachdächer werden als Terrassen genutzt.

Der Markt
Hier werden Lebensmittel getauscht, die täglich von den Feldern gebracht werden. Es wird auch um Vieh und um den frischen Fisch aus dem Nil gefeilscht.

Gemahlin des Königs«. Die Aufgabe der Letzteren war es, die Thronfolger zu gebären. Hinzu kamen weitere Verwandte und die Geliebten des Königs mit ihren zahlreichen Kindern. Ebenfalls stets in seiner Nähe waren herausragende Männer, die sich in der Verwaltung als Beamte oder im Heer verdient gemacht hatten, sowie Königskinder verbündeter Länder Ägyptens, die als Geiseln in Theben leben mussten und doch alle Privilegien genossen. Dieser Personenkreis galt als sein »engster Freundeskreis«.

Zum Hofstaat gehörten die Bediensteten (zum Beispiel Ärzte, Friseure, Köche) und Handwerker wie Schreiner, Goldschmiede und Schneider. Nicht zu vergessen die vornehmen Damen, Gemahlinnen von Würdenträgern, die unter dem Schutz von Hathor, der Göttin mit dem Kuhkopf und Ernährerin des Königs, eine kleine, aber einflussreiche Gruppe im Palast bildeten.

Die Symbole
Die blaue Krone und das Zepter in der rechten Hand sind die Insignien der Macht des Königs. In der linken Hand hält er das Henkelkreuz, Symbol für das Leben und für die Macht, Leben zu schenken oder zu nehmen.

DIE ZEREMONIEN
Viele alltägliche Handlungen des Pharaos werden zu feierlichen Zeremonien, wie beim Huldigen der Götter.

Die Würdigung
Die hohen Würdenträger und die Gemahlinnen verbeugen sich beim Triumphzug des Pharaos, dem sie alles verdanken.

Zum Wohle der Götter
Der Pharao wird auf der Sänfte zum Tempel getragen, wo den Göttern täglich Trank und Speisen dargeboten werden.

Der Pharao, das Bindeglied zu den Göttern, stand über allen Menschen und war für die meisten unberührbar. Auch die ihm sehr nahe stehenden Personen buhlten um jedes noch so kleine Zeichen der Anerkennung. In der Öffentlichkeit zeigte er sich nur sehr selten, meistens anlässlich religiöser Feiern, die nach strengen Ritualen abgehalten wurden.

Die Entwicklung des Handwerks

Die Lebensumstände der Handwerker veränderten sich im Neuen Reich. Sie bildeten zum größten Teil die neu entstandene Mittelschicht, die wesentlich zum Wohlstand des Landes beitrug. Allerdings arbeiteten

DIE FAYENCEN
Richtiges Glas kannten die Ägypter noch nicht. Sie waren aber in der Lage, eine dem Glas ähnliche Paste herzustellen, eine Zinnglasur. Gegenstände aus Ton wurden mit der farbigen Glasur bemalt. Diese oft leuchtenden, aber zerbrechlichen Gegenstände nennt man Fayencen.

Alltagskunst
Auch auf einfachen Gegenständen des Alltags befinden sich schöne Glasurverzierungen in leuchtenden Farben.

Die »Glasurmeister«
In großen Schmelztiegeln schmelzen sie eine Mischung aus Kieselerde und Kalk mit Soda, Pottasche und Blei.

nur die wenigsten selbstständig. Schreiner, Bildhauer, Maler, Gießer und viele andere waren normalerweise wie in den vorangegangenen Epochen Angestellte der Tempel oder des Königshofes.

In bestimmten Berufen hatte sich die Arbeitsweise geändert und verbessert. Durch den umfangreichen Kontakt mit fremden Kulturen – während der Feldzüge oder dank der Handelsbeziehungen – lernten die Ägypter eine Reihe neuer Materialien und Verarbeitungstechniken kennen und schätzen. Thutmosis III. und seine Nachfolger sahen beispielsweise bei den Hethitern das Eisen und dessen Verarbeitungsmöglichkeit, und die Ägypter übernahmen aus Phönizien und Mesopotamien eine Technik zur Herstellung von Fayencen.

Bei den Öfen
Vasen, Amulette, Statuetten und viele andere Gegenstände werden mit der Glasur überzogen, mit bunten Fäden verziert und bei hohen Temperaturen in besonderen Öfen gebrannt.

Ein raffiniertes Handwerk
Die Herstellung von verzierten Parfumfläschchen: ein sehr gefragter Exportartikel.

Der Tempel

Der Tempel befand sich stets im Mittelpunkt mehrerer heiliger Gebäude. In seinen Grundzügen blieb er über die Jahrhunderte nahezu unverändert, weil man glaubte, dass die Götter selbst alle Formen und Maße von Anbeginn an festgelegt hätten. Im höchsten, dunkelsten und damit geheimsten Punkt eines jeden Tempels befand sich das Heiligtum, der Ort, an dem sich der *ka* (die Seele) Gottes zeigte. Dazu bedurfte es der Statue, die sich im *naos* befand, einem steinernen Schrein, der mit vergoldeten Türen verschlossen war. Eigentlich durfte sich nur der König in die Gegenwart Gottes im Heiligtum begeben. In Wirklichkeit beauftragte er für die tägliche Arbeit einen Stellvertreter, den Hohepriester, den »ersten Diener Gottes«. Unter seiner Leitung arbeiteten nicht nur viele andere Priester (Gelehrte, Archivare, Verwalter usw.), sondern auch Handwerker und Bauern. Im Mittleren Reich mussten die Priester auf etliche Privilegien verzichten. Doch im Neuen Reich hatten sich die Tempel zu mächtigen Organisationen entwickelt. Ihnen gehörten ausgedehnte Ländereien und oftmals waren sie von der königlichen Steuerpflicht befreit. Dank der angestellten Bauern lebten sie im Überfluss: Getreide, Obst, Gemüse und Vieh standen allen Mitarbeitern des Tempels zu Verfügung.

Um 1150 v. Chr., während der Herrschaft Ramses II., arbeiteten im Tempel von Karnak mehr als 80 000 Menschen. 400 000 Tiere, vorwiegend Rinder, gehörten damals dem Tempel. Die Priester von Theben er-

KARNAK
Der heilige Bezirk von Theben: Hier stand der Haupttempel von Amun. Zu Beginn der 12. Dynastie war er noch ganz bescheiden, doch mit jedem Pharao des Neuen Reiches wurde er größer und bedeutender.

Der Grundriss
Der ständig erweiterte Tempel von Amun erhielt immer mehr weiträumige Säulensäle und sein verwinkelter Grundriss bekam gigantische Ausmaße.

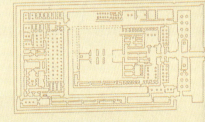

Der Vorhof
Nachdem man die beeindruckende Reihe der Widdersphinxen passiert hat, gelangt man, immer noch unter freiem Himmel, durch das gewaltige Säulentor in das Innere des Amuntempels.

Der »naos«
Der heilige Schrein, in dem sich die Gottheitsstatue befindet, ist von Kammern umgeben, in denen verschiedene Gegenstände für die Rituale aufbewahrt werden.

Der Spezialeffekt
Eine Besonderheit vieler ägyptischer Tempel besteht darin, dass beim Vordringen in das Innere der Boden ansteigt und die Höhe der Decke abnimmt. Damit wird die Spannung gesteigert.

Luxor
Über eine Sphinxenallee ist diese Anlage mit Karnak verbunden. Innerhalb Luxors befindet sich der Tempel von Amenophis III. mit seinen beeindruckenden Säulen, deren Kapitelle die Form geschlossener Lotusblumen aufweisen.

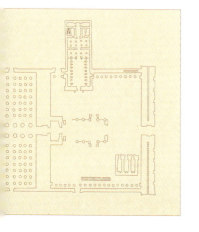

Die Kolosse von Memnon
Diese beiden Statuen von Amenophis III. sind je 15 Meter hoch. Sie sind die einzigen Überreste seines großen Auferstehungstempels westlich von Theben.

langten eine so große Macht, dass sie mehr und mehr auch weltliche Aufgaben übernahmen. Zudem setzten sie das Erbrecht ein und übertrugen ihre Privilegien auf ihre Nachkommen. Spannungen zwischen Pharaonen und Priestern waren unter diesen Voraussetzungen absehbar, zumal die Priester von Amun im Begriff waren, einen unabhängigen religiösen Staat zu gründen.

Die religiösen Riten

Nur die Pharaonen oder hochrangige Priester durften sich der Statue des Gottes nähern. Dreimal täglich wurden ihr Essen und Getränke gebracht. Der Hohepriester (oder der Pharao) öffnete den Riegel des heiligen Schreins. Zunächst entfernte er die Kleider, die die Statue umhüllten, wusch sie, trug dann vorsichtig Farbe auf deren Augenlider auf und zog ihr frische Kleider an. Mit den Worten »Erwache in Frieden« sprach er den Gott an und gab ihm symbolisch zu essen. Nach Beendigung der Zeremonie wurden die Türen nicht nur mit dem Riegel verschlossen, sondern zusätzlich mit Ton versiegelt. Der Hohepriester beseitigte alle Spuren, die er oder seine Mitarbeiter im Heiligtum hinterlassen hatten. Jeden Tag fanden drei Rituale im Tempel statt: morgens, mittags und abends. Anlässlich besonderer Feiern wurde die Statue des Gottes auf einer prunkvollen Sänfte von den Priestern vor den Tempel getragen, wo sie von allen verehrt und bewundert werden konnte.

Die Tempelschule

In jedem Tempel gab es eine Schule, die »Haus des Lebens« genannt wurde. Es handelte sich um ein Archiv, in dem verschiedene Texte verwahrt, studiert und kopiert

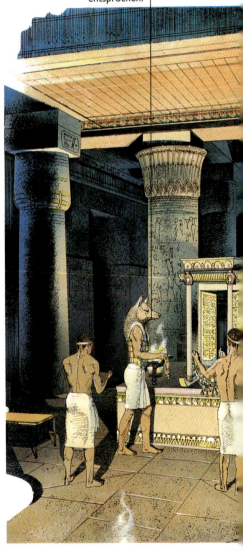

Der Hohepriester
Er trägt den heiligen Schmuck, um das Ritual durchzuführen: Dreimal täglich wird den Bedürfnissen des Gottes entsprochen.

Das Heiligtum
Es darf nur durch den Pharao und die wichtigsten Priester betreten werden. Es ist nicht so reich geschmückt wie andere Bereiche des Tempels, damit der »ka« des Gottes nicht gestört wird.

wurden: religiöse Texte, Erzählungen und Erinnerungen, wissenschaftliche Untersuchungen, Texte über Astronomie oder Magie und Ähnliches.

Das »Haus des Lebens« entsprach einer Universität, in der die Erfahrungen und das Wissen vergangener Generationen von vielen Studenten gesammelt, bearbeitet und bei neuen Untersuchungen berücksichtigt wurden.

Was konnte in dieser Tempelschule ein Student der Medizin, ein angehender Astronom oder ein junger Literat lernen? Die Medizin war wie die Magie eng mit den religiösen

Für verstorbene Pharaonen
Im Heiligtum werden auch das Essen und die Getränke aufbewahrt, die nach dem Ritual den verstorbenen Pharaonen angeboten werden. Deren Namen sind in den Wänden des Tempels eingraviert. Sie werden jeden Tag nacheinander aufgerufen.

OFFENBARUNG DER GÖTTER
In der Stille und im Dunkeln der verborgensten Stelle des Tempels wird jeden Tag morgens, mittags und abends der »ka« des Gottes angerufen.

Riten verbunden. Unabhängig davon war das medizinische Wissen weit fortgeschritten. Es sind genaue Beschreibungen von Krankheiten überliefert: die Symptome, der Verlauf und die Gegenmittel. Das Herz galt als Mittelpunkt des Lebens. Die Beziehung zwischen Puls und Herzschlag war bekannt. Dank der anatomischen Kenntnisse, die man bei den Mumifizierungen gewonnen hatte, wagte man auch am lebenden Menschen chirurgische Eingriffe. Wunden wurden entweder mit glühenden Eisen, mit klebrigen Flüssigkeiten oder mit Binden geschlossen. Mit Opium, dem einschläfernden Stoff der Mohnblume, wurden die Patienten betäubt.

Die Studenten der Literatur beschäftigten sich mit einer Reihe von Texten, worin Ratschläge allgemeiner Art erteilt wurden: zum Beispiel Verhaltensregeln im Alltag. Die Standardwerke befanden sich in jedem Tempel Ägyptens. Die *Lehren des Ptahhotep* waren schon im Alten Reich eine beliebte Lektüre. Dabei handelt es sich um einen Ratgeber für beruflichen Erfolg und ein glückliches Leben. Die Grundsätze darin lauten: gute Ausbildung, Beachtung der Gesellschaftsordnung und Mäßigung in allen Lebenslagen. Weitere bekannte Texte, die den Studenten empfohlen wurden, waren *Der Gesang des Harfenspielers,* die *Satire auf die Berufe* und die weit verbreitete *Geschichte von Sinhue.* Neben dieser klassischen Lektüre entstanden vor allem im Neuen Reich zunehmend Texte, die man heute als Unterhaltungsliteratur bezeichnen würde: humoristische und groteske Geschichten, Berichte von den Heldentaten der Soldaten (was in einem Land, das seine Grenzen

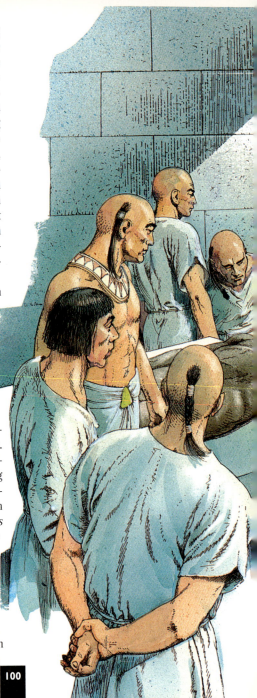

MODERNE MEDIZIN
Wie ihre heutigen Kollegen erstellten die ägyptischen Ärzte zu jeder Krankheit eine vollständige Diagnose (gemäß den Symptomen) und eine Prognose, in der sie versuchten, den Verlauf und das Ende der Krankheit vorherzusehen.

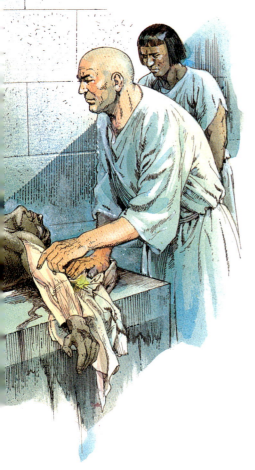

Die medizinische Fakultät
An der Tempelschule für Medizin lehrten erfahrene und hoch spezialisierte Ärzte, die bekannt waren und auch im Ausland geschätzt wurden.

ständig zu erweitern versuchte, nicht überrascht) und natürlich Liebesgedichte, die in einer Zeit des Wohlstands und innerer Ruhe besonders beliebt waren.

Die Studenten der Astronomie hatten weniger Glück. Was das Studium der Himmelskörper betrifft, war Ägypten lange Zeit den Sumerern und Babyloniern unterlegen. Allerdings muss im Neuen Reich ein Austausch der Kenntnisse stattgefunden haben. Die größte Leistung der Ägypter in diesem Bereich war die Unterteilung des Tages und der Nacht in jeweils zwölf gleich lange Teile und die Schaffung des Sonnenkalenders mit 365 Tagen. Bei Sonnenuntergang wurde die Klepshydra, ein besonderer Tonkrug, mit Wasser gefüllt. Das Wasser lief durch ein kleines Loch im Boden langsam aus. Wenn der Wasserspiegel die erste Marke an der Innenwand erreicht hatte, begann die zweite Stunde der Nacht. Zwölf verschiedene Skalen dieser Wasseruhren entsprachen der jahreszeitlich bedingten unterschiedlichen Länge der Nacht. Tagsüber zeigte der Gnomon, ein Schattenstab, die Stunde an.

Dieses und noch viel mehr konnte man im »Haus des Lebens« lernen. Doch die Theorie allein reichte nicht aus. Die jungen Mediziner zogen mit der königlichen Armee ins Feld und erprobten ihr Wissen an den Verwundeten; die Literaten suchten einen reichen Herrn, den sie mit ihren Texten unterhalten konnten; die Nachwuchsastronomen hingegen verzettelten sich meistens beim Erstellen komplizierter Theorien.

Wenn man keinen Erfolg und nur geringe Einkünfte hatte, blieb immer noch die Möglichkeit, als Schreiber oder Priester im Tempel zu bleiben. Schließlich hing dessen Ansehen und Macht auch von der Zahl seiner Mitarbeiter ab.

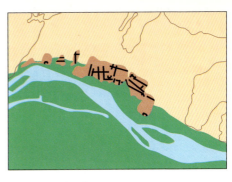

»Horizont des Aton«
Auf halbem Wege zwischen Theben, der Hauptstadt des Neuen Reiches, und Memphis, der Hauptstadt des Alten Reiches, wurde die neue Hauptstadt Achet-Aton errichtet, von der heute nur noch Überreste erhalten sind.

Echnaton
Der Pharao, der die Sonne verehrt: Die Gesichtszüge des Königs sind etwas in die Länge gezogen, sodass er heiter und verträumt wirkt.

Die religiöse Krise

Ägypten befand sich auf dem Höhepunkt seiner Blütezeit, als es völlig unerwartet und wie aus heiterem Himmel von einer religiösen Krise erschüttert wurde. Amenophis IV. (Echnaton), der kein Interesse an den neu eroberten Gebieten zeigte, versetzte sein Land in Unruhe. Die Priester Amuns waren durch großzügige Schenkungen während der zweiten Hälfte der 18. Dynastie (1425– 1320 v. Chr.) und viele weltliche Verwaltungsaufgaben so mächtig geworden, dass sie selbst mit dem König rivalisieren konnten. Diese Gefahr versuchte Amenophis IV. dadurch zu umgehen, dass er eine religiöse Reform durchsetzte. Zu Beginn seiner Regierungszeit (1397 – 1362 v. Chr.) entmachtete er den Hohepriester von Amun, indem er ihm seinen gesamten Grundbesitz wegnahm. Danach schwor er dem Kult Amuns von Karnak ab und wurde Anhänger des Gottes Aton. Dieser Gott, dessen Wahrzeichen die Sonne als universelle Lebensspenderin ist, war bisher kaum in Erscheinung getreten. Amenophis, dessen Name »Amun ist gnädig« bedeutete, nannte sich fortan Echnaton (»Das Licht des Aton«). Und er verließ Theben, um eine neue Hauptstadt zu gründen: Auf halbem Weg zwischen Theben, der Hauptstadt des Neuen Reiches, und Memphis, der Hauptstadt des Alten Reiches, wurde die neue Hauptstadt Achet-Aton errichtet, von der heute nur noch Überreste erhalten sind. Doch diese radikale religiöse Veränderung passte nicht zu einem so traditionsbewussten Volk. Die Widerstände wurden immer stärker, bis sich Echnaton bereits nach etwa zehn Jahren gezwungen sah, nach Theben zurückzukehren und wieder dem Amun-Kult zu huldigen. Seine Frau Nofretete blieb ihm während dieser Zeit treu verbunden und unterstützte ihn.

Nachdem sich die Verhältnisse wieder normalisiert hatten, überließ Ramses II. den Hethitern die Kontrolle über Syrien und Palästina und vereinbarte einen lange anhaltenden Frieden. Die Beute der vorangegangenen Kämpfe war groß und aus den Provinzen flossen regelmäßig und zunehmend Steuererträge. Der unwahrscheinliche Reichtum, der sich so anhäufen konnte, spiegelt sich in monumentalen Grabstätten und Tempeln wider, die alles bisher Dagewesene in den Schatten stellen. Vor allem in der strahlenden Hauptstadt Theben schufen die ägyptischen Baumeister Werke von atemberaubender Schönheit. Im Jahr 1165 bewahrte Ramses III. aus der 20. Dynastie Ägypten vor einer neuen Gefahr: Er besiegte die so genannten Seevölker, die immer wieder aufs Neue versuchten, über das Delta in das Land einzudringen. Doch unter seinen Nachfolgern brachen Unruhen im Landesinneren aus, die schließlich zum Verlust von Palästina und Nubien führten.

Für Aton
Die königliche Familie von Achet-Aton bietet sich Aton dar, der sie einsetzt und mit seinem leuchtenden Strahlen heiligt.

Nofretete
Dieser weibliche, von einem dünnen und engen Gewand umhüllte Körper, gehört der Königsgemahlin Nofretete, die sich aktiv an den Regierungsgeschäften beteiligte.

Das Tal der Könige

Nachfolger Amenophis' IV. war dessen Schwiegersohn Tutanchamun, der den Glauben an Amun wiederherstellte (daher der Name). Ihm gelang es, Ägypten vor Eindringlingen zu schützen und erneut im Süden und im Osten Gebiete zurückzuerobern. Doch er regierte nur neun Jahre und konnte nicht alle seine Pläne verwirklichen. Die Entdeckung seines Grabes im Tal der Könige hat ihn unsterblich gemacht. Thutmosis I. hatte mit der neuen Tradition begonnen, die königlichen Gräber in den Fels des Tals meißeln zu lassen. Das Tal der Könige westlich von Theben umfasst über 70 nummerierte Gräber. Das einzige nicht geplünderte

Der Traum jedes Archäologen

Am 27. November 1922 fand der britische Archäologe Howard Carter eine unversehrte Grabstätte aus der 18. Dynastie. In drei Monate währenden mühevollen Ausgrabungsarbeiten konnten ein seitlicher Raum und ein gemauertes Vorzimmer freigelegt werden. Danach war der Weg zum Grab frei. Es enthielt fünf hölzerne, ineinander verschachtelte Schreine. Im fünften befanden sich drei Sarkophage, zwei aus Quarzit und der Innerste aus Gold. Dieser enthielt den unversehrten Körper Tutanchamuns, so wie er vor 33 Jahrhunderten bestattet worden war.

Die Maske

Die goldene Totenmaske mit Lapislazulieinlagen zeigt das strahlende Gesicht mit dem unergründlichen Blick Tutanchamuns.

Grab enthielt die Mumie Tutanchamuns. Im Tal der Könige, das am Fuß eines pyramidenförmigen Berges liegt und von ihm bewacht zu werden scheint, und in dessen näherer Umgebung befinden sich zudem einige der bekanntesten Monumente des Niltals: Der Tempel der Königin Hatschepsut, das Ramesseum von Ramses II. und die beiden Statuen von Amenophis III., auch »Kolosse von Memnon« genannt. Die reich geschmück-

Der Schatz
Im Grab Tutanchamuns fand man unter anderem einen goldenen Thron, Vasen aus Alabaster, Schmuck, goldene Tierköpfe und sogar einen Pferdewagen.

Die Kanopen
Die vier Behälter mit den Eingeweiden des Pharaos.

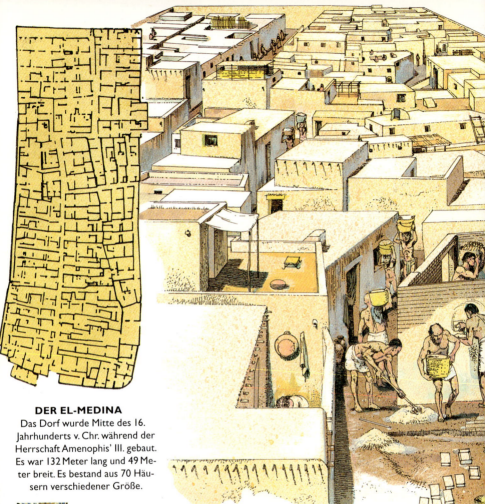

DER EL-MEDINA
Das Dorf wurde Mitte des 16. Jahrhunderts v. Chr. während der Herrschaft Amenophis' III. gebaut. Es war 132 Meter lang und 49 Meter breit. Es bestand aus 70 Häusern verschiedener Größe.

ten Gräber der Herrscher und der höchsten Würdenträger wurden in den am schwersten zugänglichen Stellen des Tales platziert. Ihre Frauen (zum Beispiel Nefertari, die Lieblingsfrau von Ramses II.) und die ungekrönten Kinder sind südöstlich davon im eineinhalb Kilometer entfernten Tal der Königinnen begraben.

Das Dorf der Arbeiter

Die Handwerker und Bauarbeiter, die die letzten Ruhestätten der Könige schmücken und graben mussten, lebten mit ihren Familien ganz in der Nähe des Tals der Könige, im Dorf Der el-Medina. Da die Gräber dem Volk nicht zugänglich waren und ihr Ort geheim bleiben sollte, lebten die Arbeiter in vollkommener Abgeschiedenheit. Sie

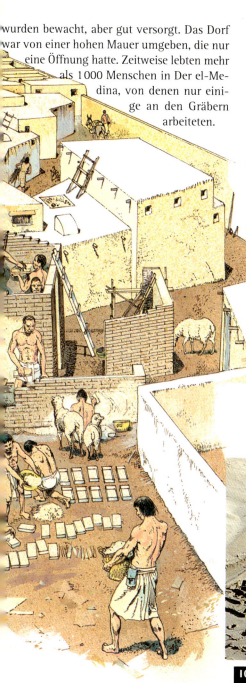

wurden bewacht, aber gut versorgt. Das Dorf war von einer hohen Mauer umgeben, die nur eine Öffnung hatte. Zeitweise lebten mehr als 1000 Menschen in Der el-Medina, von denen nur einige an den Gräbern arbeiteten.

Nebst der kompletten Mannschaft, vom Hilfsarbeiter über den Maurer bis zum Baumeister, gab es unter anderem noch Schreiber, die die Arbeit organisierten und sich darum kümmerten, dass immer genug Material vorhanden war (Farben, Holz usw.). Wasserträger, Hirten und Frauen (die Getreide für das Brot und Gerste für das Bier anbauten) kümmerten sich um das leibliche Wohl. Alle anderen Nahrungsmittel, auch Salz, mussten nach Der el-Medina gebracht werden. Sie waren zusammen mit weiteren Verbrauchsgütern der Lohn für die harte Arbeit in der Abgeschiedenheit. Die Arbeiter waren sich der Bedeutung ihrer Werke durchaus bewusst und nahmen für sich das Recht in Anspruch, für bessere Arbeitsbedingungen zu streiken. Bevor Der el-Medina um 1080 v. Chr. verlassen wurde, der Wind es im Sand begrub und es in Vergessenheit geriet, herrschte dort fast 500 Jahre lang hektisches Treiben.

Die Häuser
Jedes Haus bot Wohnraum für eine Familie. Die Ausstattung war einfach; der Boden bestand aus gestampfter Erde.

Zwei Straßen
Nur zwei Straßen, eine längs und eine quer, gab es in der Arbeitersiedlung, die sich in einer Talsenke befand.

Von der Skizze zum Wandbild
Die Künstler arbeiten in Gruppen, die jeweils auf eine bestimmte Aufgabe spezialisiert sind. Einige zeichnen zum Beispiel vorab Hilfslinien an die Wand. Dieses Gitternetz erleichtert das Kopieren der Skizze von einem Papyrusblatt auf die Wand.

Das Ausschmücken der königlichen Gräber
Die Arbeit im Tal der Könige wurde von den Schreibern optimal organisiert, um in kurzer Zeit möglichst viel zu schaffen. Während eine Mannschaft grub, verputzte die andere schon die Wände und die Maler waren ihrerseits damit beschäftigt, auf den vorbereiteten Wänden die Skizzen der Künstler zu übertragen (das heißt im richtigen Maßstab zu vergrößern). Die Malerei, die früher nur als Beiwerk für Skulpturen und Reliefs eingesetzt worden war, gewann im Neuen Reich an Bedeutung und schmückte nun auch unzählige Wände. Religiöse Themen waren von der jahrhundertealten Tradition geprägt und somit vorgegeben. Doch bei der Darstel-

lung des Alltags hatten die Maler viele Freiheiten. Sie entwarfen neue Motive und testeten neue Arbeitstechniken. Details waren für den ägyptischen Künstler sehr wichtig. Dadurch haben wir heute erstaunlich genaue Kenntnisse über die Menschen in damaliger Zeit. Ohne die Grabmalereien wüssten wir zum Beispiel viel weniger über ihre Essensgewohnheiten, die Art der Kleidung und sich zu schminken.

Die gefährlichen Hethiter

Während der 19. Dynastie kam es zu militärischen Auseinandersetzungen mit den Hethitern, einem kriegerischen Volk, das Eisenwaffen besaß und seit dem 17. Jahrhundert v. Chr. von Anatolien aus nicht nur ganz Kleinasien in Angst und Schrecken versetzte, sondern Feldzüge bis in den Libanon unternahm. Schon unter der Herrschaft Amenophis' IV. und zur Zeit von dessen religiöser Reform hatten die Hethiter von der zeitweisen Schwäche Ägyptens profitiert und waren in ägyptisches Hoheitsgebiet eingedrungen. Viele Pharaonen mussten sich mit den Hethitern messen – wie Sethos I. (1307–1290 v. Chr.) und Ram-

Die Farben
Bei der Temperamalerei benutzte man verschiedene Farben, die man aus den bekannten Rohstoffen gewann: Kohle für Schwarz, Kalk für Weiß, Lapislazuli für Blau, Malachit für Grün, Ocker für Rot und Gelb.

Die Größenverhältnisse
Das Quadratnetz für die menschliche Figur beruhte auf einem Quadrat, das die Größe der Faust der zu zeichnenden Figur hatte. Dieses Quadrat wurde proportional zu allen anderen Körperteilen in Beziehung gesetzt (drei Quadrate für den Fuß, acht für die Beine, zwei für das Gesicht usw.). Eigentlich hätte bei jeder Figur, die eine unterschiedliche Größe hatte, ein neues Netz zu Grunde gelegt werden müssen. Aber oft zeichneten Künstler weniger bedeutende Figuren freihändig.

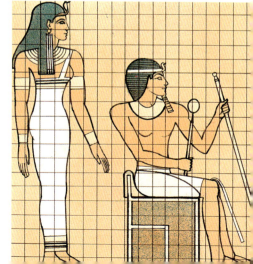

Ein ungleicher Kampf

In der Schlacht von Kadesch standen sich zwei ungleiche Armeen gegenüber. Die Ägypter verfügten über rund 20 000 Mann mit nur 50 Streitwagen. Das Heer war in vier Divisionen gegliedert (Amun, Re, Ptah und Seth). Die Hethiter hatten 16 000 Mann und 2 500 Streitwagen. Die Ägypter gewannen wohl nur knapp, feierten den Ausgang der Schlacht aber wie einen triumphalen Sieg.

Bronzewaffen
Den Kriegern standen eine Vielzahl von Waffen zur Verfügung. Wenn es zum Nahkampf kam, wurden oft Schwerter und Dolche aus Bronze eingesetzt.

Ramses II.
Die Division Amun wird von Ramses II. in die Schlacht geführt. Mit nacktem Oberkörper (als Zeichen der Geringschätzung des Feindes) stellt der Pharao auf dem Streitwagen seine Kunst als Bogenschütze unter Beweis.

ses II. (1290–1224 v. Chr.), der sie in der Nähe der Festung Kadesch am Orontes in Nordsyrien 1285 und 1279 v. Chr. schlug. Danach wurde ein lang währender Friedensvertrag unterzeichnet und der König der Hethiter, Hattusilis III., gab Ramses II. seine Tochter zur Frau.

Die Seevölker

Der Friedensschluss zwischen Hethitern und Ägyptern wurde durch einen neuen gemeinsamen Feind begünstigt: Die so genannten Seevölker drangen vom nördlichen Mittelmeerraum in den Vorderen Orient ein. Zahlreiche Stämme, deren Namen die Herkunft verdeutlichen (Sarden, Lykier, Etrusker und andere), hatten sich zu einer schlagkräftigen Flotte verbündet. Sie waren so siegesgewiss auf der Suche nach neuen Ländern, dass sie bei jedem Ansturm ihre Frauen, Kinder, ihre Habe und ihre Götter in der Nachhut mitbrachten. Auch die Hethiter fielen ihnen um 1200 v. Chr. zum Opfer. Anschließend nahmen die Seevölker Ägypten ins Visier. Dem letzten großen Herrscher Ägyptens, Ramses III. (1194–1163 v. Chr.), gelang es aber, den Angriff abzuwehren.

Die Armee und ihre Waffen

Das Heer der Ägypter, das die Hethiter bezwungen hatte, bestand aus Berufssoldaten. Seit Jahrhunderten vermittelten sie ihre Kenntnisse den nachfolgenden Generationen. Regelmäßig kam es zu Einberufungen. Anspruchsvolle Lehrer trainierten die Rekruten in Kasernen entlang des ganzen Nils. Ihre Struktur war genauso

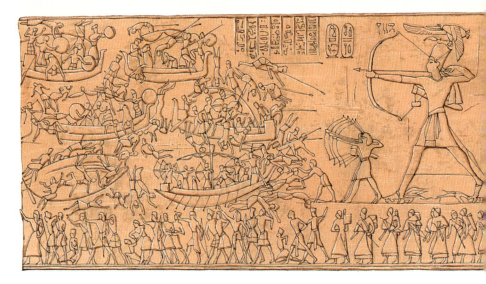

Ramses III.
Die Schlacht von Ramses III. gegen die Seevölker wurde im großen Relief des Tempels Medinet Habu in Theben dargestellt.

pyramidal organisiert wie die gesamte Gesellschaft. Oberster Befehlshaber der Truppen war der Pharao. Danach folgten viele Dienstgrade vom General über den Hauptmann bis zum einfachen Soldaten. Die Landstreitmacht wurde in 250 Mann starken Kompanien zusammengefasst, die jeweils von einem Standartenträger geführt wurden. Zum Schutz dienten Schilde und Helme aus Leder. Gefürchtet waren die zweirädrigen, von Pferden gezogenen Streitwagen. (Die Ägypter hatten die Lektion der Hyksos nicht vergessen.) Sie bestanden aus Holz, das mit Leder und Metall verarbeitet wurde. Zur Besatzung gehörten zwei Soldaten, der Streitwagenkämpfer, der mit Bogen, Speer und Schild ausgerüstet war und der Wagenlenker. In vollem Tempo fuhr die Streitwagentruppe auf die Hauptmasse des Feindes zu und im Vorüberfahren schossen die Bogenschützen ihre Pfeile ab. Weitere

Waffen der ägyptischen Armee waren die Streitaxt (mit kupferner Klinge), das asiatische Sichelschwert (das ebenso wie die Axt eher Hieb- als Stichwaffe war), Wurfhölzer (die ähnlich wie Bumerangs flogen) und Dolche. Die Soldaten durften nach den Kämpfen mit reicher Belohnung rechnen. Nebst dem regulären Sold wurde die Beute aufgeteilt und die tapfersten Soldaten erhielten eine ganz besondere Auszeichnung, die begehrte »Fliege«, ein in Gold gefasster Edelstein, der seinem Träger zu hohem Ansehen verhalf. Die feindlichen Gefangenen fügten sich im Allgemeinen schnell in das Alltagsleben ein. Die Schlachten dauerten meistens nicht sehr lange. Ihr Ausgang hing oft von der Entschlossenheit und Reaktionsschnelligkeit der Truppen ab und von der Übersicht und der Geschicklichkeit der Offiziere.

Abu Simbel

Weitere Feldzüge nach Syrien und Palästina hielten die Pharaonen nicht davon ab, auch im Süden, insbesondere in Nubien, weiterhin ihre Vormachtstellung zu behaupten. Die Bedeutung dieser Region für Ägypten kann gar nicht genug betont

DIE SCHLACHT VON KADESCH 1285 V. CHR.

Erste Phase
Die hethitische Streitwagentruppe greift mit großem Erfolg die rechte Flanke der Division Re an. Die Überlebenden versuchen Ramses und die Division Amun zu erreichen (1). Sie werden von den Hethitern verfolgt. Die Divisionen Seth und Ptah sind noch weit entfernt (2).

Zweite Phase
Die Ägypter formieren sich neu. Sie schlagen den Feind zurück, der von der anrückenden Division Ptah überrascht wird (3). Die Infanterie der Hethiter und die Division Seth können nicht in die Kämpfe eingreifen (4).

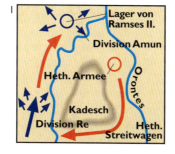

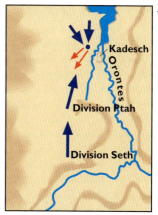

Stellung der Truppen und Taktik
Dies ist die erste Schlacht in der Geschichte der Menschheit, deren Verlauf man genau nachvollziehen kann.

werden. Nubien lieferte dem Land unter anderem Gold und Holz. Viele der besten Söldner waren Nubier. Und es war ein wichtiges Bindeglied zu Schwarzafrika, aus dem zum Beispiel Elfenbein und Felle nach Ägypten kamen. Abu Simbel war das Tor zu Unternubien, das bis zu den Festungen beim zweiten Katarakt reichte. Doch die Stadt war nicht nur als Stützpunkt für die Verwirklichung kriegerischer und wirtschaftlicher Planungen von Bedeutung und für alle Pharaonen interessant: Abu Simbel gehörte zu einer der wenigen felsigen Regionen Ägyptens und seit der Zeit der ersten Pyramiden wurden von dort aus alle Steinbrüche der Region kontrolliert. Abu Simbel war also auch die Stadt der Steinmetze. Im Alten Reich bestand ihre eigentliche Aufgabe zunächst nur darin, für den Abbau geeignete Felsen zu bestimmen, Steinbrüche einzurichten und die Quader für den Abtransport auf dem Nil bereitzustellen. Der Hafen von Abu Simbel und die Steinbrüche der Region waren vom Alten bis zum Neuen Reich stets Schauplatz großer Betriebsamkeit. Größte Bedeutung erlangte er jedoch unter Ramses II., als dieser mit dem Bau der sieben Felstempel begann. Wie schon in den vergangenen Jahrhunderten erwies sich hier die Kunst wieder als ein Mittel der Politik. Ihre Aufgabe war es, die unbegrenzte Macht des Königs zu demonstrieren. Dies wird auch durch eine astronomische Besonderheit der Tempelanlage deutlich, das so genannte Licht der aufgehenden Sonne. Dabei fallen jeweils am 22. Februar und 22. Oktober eines Jahres die ersten Sonnenstrahlen um 6 Uhr früh so durch das Eingangsportal, dass zunächst die Götter Amun und Re und dann Ramses II. minutenlang im Licht der Sonne erstrahlen.

Die Kolossalstatuen
Diese vier Monumente stellen die großen Götter der drei Zentren Ägyptens dar: Ptah in Memphis, Amun in Theben, Re in Heliopolis. Der Dritte von links ist Ramses II. selbst, der schon zu Lebzeiten als Gott verehrt wurde.

Der Hathor-Tempel
war der Göttin der Liebe, der Musik und des Tanzes, Hathor, und der Königin Nefertari, der Gemahlin Ramses' II., gewidmet. Er ist etwas kleiner als der Ramses-Tempel.

Rettungsaktion
Beim Bau des Staudammes in Assuan drohten die Kolosse im Stausee zu versinken. Die Rettung der in den Felsen angelegten Tempel stand vor großen technischen Schwierigkeiten. Doch beide Anlagen wurden komplett und heil in unmittelbarer Nähe, aber wesentlich höher, wieder aufgebaut. Die Aktion dauerte rund zehn Jahre.

MONUMENTE IM FELS
Steinmetze und Bildhauer geben den gewaltigen Skulpturen im Gestein ihre endgültige Form. Die vier Kolosse im Felstempel von Ramses II. haben dieselbe Funktion wie Säulen in gewöhnlichen Tempeln.

Das Ende der Pharaonenreiche

Mit der Eisenzeit, die nach dem ersten Krieg gegen die Hethiter in Ägypten begann, zersplitterte die Macht des Landes, das schließlich unter die Herrschaft fremder Völker geriet. Die neuen Herrscher Ägyptens führten die Tradition der Pharaonen fort.

Unter den Nachfolgern von Ramses III. verlor Ägypten die Herrschaft über die asiatischen Gebiete. Armut und Unruhen machten dem Land zu schaffen. Die Könige verloren so sehr an Macht, dass die Hohepriester von Theben die Herrschaft an sich rissen. In der Dritten Zwischenzeit von 1085 bis 322 v. Chr. wurde das Land zunächst von nubischen und libyschen Dynastien regiert. Schließlich eroberten 671 v. Chr. die Assyrer das Land, die sich nach dem Niedergang der Hethiter anschickten, ganz Vorderasien zu unterwerfen. Während etwa eines Jahrhunderts (672–525 v. Chr.) gelang es ein letztes Mal, die Unabhängigkeit Ägyptens gegen alle Eindringlinge zu behaupten: Pharao Psammetich I. gründete die saïtische Dynastie mit der neuen Hauptstadt in Saïs im Delta. Er stellte wieder rege Handelsbeziehungen zu Griechenland her

Die großen Reiche der Antike im Mittelmeerraum

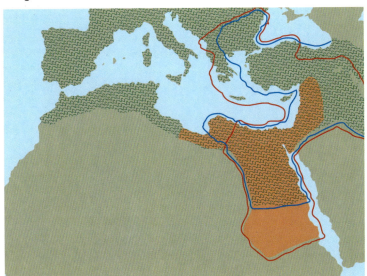

Thrakien, Griechenland und die größte Ausdehnung des Reiches von Alexander dem Großen

Größte Ausdehnung des Persischen Reiches

Ägyptisches Reich

Größte Ausdehnung des Römischen Reiches

Alexander der Große
Der größte Eroberer der Antike entriss dem König Darius III. Ägypten und das ganze Persische Reich.

Beibehaltung der Riten
Auch unter römischer Herrschaft führten die Ägypter die Bestattungsriten der Vergangenheit fort. Mit dieser bemalten Gipshülle wurde eine Mumie geschützt.

Dieselben Götter
Die Fremdherrschaft konnte nicht die alten Götter aus Ägypten vertreiben. Dieser Grabstein, der während der saïtischen Dynastie entstand, zeigt Osiris beim Empfang eines Toten.

und der Wohlstand kehrte zurück. Die militärische Sicherung wurde dabei vernachlässigt, worauf Ägypten im Jahr 525 von den Persern unterworfen wurde, die es in eine persische Provinz umwandelten, bis Alexander der Große 332 v. Chr. bei seinem Feldzug gegen Persien auch Ägypten eroberte und sich zum Pharao krönen ließ.

Die griechisch-römische Epoche
Zu den Städten, die Alexander der Große während seiner Eroberungskriege auf seinen Namen taufte, gehört auch das ägyptische Alexandria, das im westlichen Nildelta gegündet wurde. Nach dem Tod Alexanders wurde das riesige von ihm eroberte Reich unter seinen Generälen aufgeteilt. Im

Jahr 304 v. Chr. übernahm Ptolemaios die Macht und gründete eine eigene Dynastie. Unter den Ptolemäern entwickelte sich die neue Hauptstadt zum wichtigsten kulturellen und wirtschaftlichen Zentrum. Ptolemaios II., der von 282 bis 246 v. Chr. regierte, gründete das Museum (den Ort der Musen), das einer heutigen Universität ähnlich war. Darin deckte eine umfangreiche Bibliothek alle Wissensgebiete ab. Der Name für die Kultur jener Zeit (vom 3. Jahrhundert v. Chr. bis zum 1. Jahrhundert n. Chr.) leitet sich vom Namen der Hauptstadt ab: Alexandrinisch oder hellenistisch nennt man diese Zeit und deren Errungenschaften. Bis 47 v. Chr. regierten die Ptolemäer Ägypten, erhöhten den Wohlstand und wahrten den Frieden. Unter Julius Caesar stand das Land unter römischer Schutzmacht und Kleopatra, die Schwester des letzten Ptolemäers (der 14.) wurde als Thronfolgerin eingesetzt. Von 30 v. Chr. bis 395 n. Chr. war Ägypten eine römische Provinz und kam schließlich zum Byzantinischen Reich.

Ptolemaios II.
Dieser bemalte Schmuckstein zeigt im Profil die Gesichter von Ptolemaios II. und seiner Frau.

Der Nil
So hat die griechische Kunst den Nil vermenschlicht: Ein großer alter Mann hält Getreideähren in der Hand und ist von Enkeln und Urenkeln umgeben.

Die »Grand Tour«

Die islamischen Bauwerke in Kairo, gemalt von einem europäischen Künstler des 18. Jahrhunderts, als Ägypten eines der Ziele einer klassischen Bildungsreise war, der »Grand Tour«.

Aus der Sicht der Römer

Das Hochwasser des Nils, dargestellt auf einem römischen Mosaik im Tempel des Glücks in Palestrina.

Das christliche und das islamische Ägypten

Der Versuch der Bekehrung Ägyptens zum Christentum begann mit dem Apostel Markus, der in Alexandria die erste Kirche gründete. Seither gewann die neue Religion viele Anhänger. Heilige wie Antonius der Große, der Vater des Mönchtums, der den Eremiten als Vorbild galt, regten zur Nachahmung an.

Das Mönchtum entstand zunächst in Ägypten. Die Anhänger bildeten Gemeinschaften, die sich Zönobiten nannten. Bald kam es jedoch zu Spannungen zwischen den ägyptischen Christen, den so genannten Kopten, und der offiziellen Kirche, die sich nach Byzanz richtete. Beim Konzil von Nizäa im Jahr 325 n. Chr. kam es zum Bruch. Der Glaube der Byzantiner bei der Bestimmung der wahren Natur von Christus (der Sohn sei mit dem Gottvater identisch) ließ sich nicht mit der Überzeugung der Kopten vereinbaren, die Christus als Sohn Gottes betrachteten. Dieser Glaube setzte sich in ganz Ägypten durch, vor allem aber im Süden, und wurde niemals ganz aufgegeben, auch nicht, als Ägypten 640 n. Chr. von den Arabern erobert und der Islam die neue Staatsreligion wurde. Noch heute ist der christliche Glaube bei den Kopten als Nachfahren der alten Ägypter verbreitet und bei den Gottesdiensten wird koptisch gesprochen.

Mit den Arabern begann eine neue historische Phase, die des modernen Ägypten. Das Land übernahm bald eine führende Rolle in der arabischen Welt. Kairo wurde das neue strahlende Zentrum. Es wurde 969 n. Chr. an der Stelle gegründet, wo sich schon vor Jahrhunderten das Schicksal des Landes entschieden hatte – in Memphis.

Die Flucht nach Ägypten
Ein Fresko von Giotto in Assisi. Viele Berichte über die Christianisierung Ägyptens stammen aus den apokryphen Evangelien (die von der Kirche nicht anerkannt werden).

Neue Motive
Seit dem 1. Jahrhundert n. Chr. entstehen in Ägypten Kunstwerke, die sich auf die christliche Tradition beziehen. Dieses Gewebe stammt aus dem 7. Jahrhundert n. Chr. und zeigt einen heiligen Reiter.

Register

Fette Ziffern verweisen auf die Bildlegenden.

A

Abu Simbel **86 f.**, 113 f., **115**
Achet-Aton (»Horizont des Aton«) **87**, 102, **102**, 103, **103**
Ahmose, ägyptischer König 85
Afrika 10, 34
Akhet 22, **22**, **23**, 24
Alexander der Große 13, **116**, 117, **117**
Alexandria 7, **16 f.**, 117 f., 119
- Bibliothek 118, **119**
- Museum 118
Amarna siehe Tell el-Amarna
Amenemhet III., ägyptischer König **73**
Amenophis II., ägyptischer König 89
Amenophis III., ägyptischer König 89, 97, 105, **106**
Amenophis IV., Echnaton, ägyptischer König 89, 102, **102**, 103, 109
Amenophis V., ägyptischer König 87
Amun 72, 90, **90**, **96 f.**, 98, 102 f., 104, **114**
Anatolien 109
Antonius, hl. 121
Anubis 57
Asien 10, 83, 89
Assisi 121
Assuan **14 f.**, 17, **17**, 18, **32**, **60**, 67, **115**
Assyrer 116
Aton 102, **102 f.**
Atum **53**, 54 siehe auch Re
Auaris **16 f.**, 84

B

Birket Qarun, Moeris 75 f., **77**
Buhen 80
Buto 39
Byblos 33
Byzantinisches Reich 117, 121

C

Caesar, Julius 118
Carnavon, George 9
Carter, Howard 9, **104**
Champollion, Jean-François 9
Chemu 22, **23**, 28, 30
Cheops, ägyptischer König **59**, 60, **61**, **63**
Chephren, ägyptischer König **38**, **59**, **61**, 64
Chepri III., ägyptischer König 67
Chnum **55**
Chons **55**

D

Dahschur **34**, **60**
Darius III., persischer König **117**
Denon, Vivant 9
- *Beschreibung Ägyptens* 9, **64**
Der el-Bahri **89**
Der el-Medina 106, **106**, 107, **107**
Djoser, ägyptischer König **34**, 47, 58, **62**
Dorfschulze, Der **39**

E

Echnaton siehe Amenophis IV.
Elephantine 80
Euphrat 89
Europa 9

F

Fayencen **94**, 95, **95**
Fayum 12, 14, **15**, 70, 72, 75, 76, **76 f.**, 78
Frankreich 9

G

Geb **53**, 54
Gesang des Harfenspielers 68, 100
Geschichte von Sinhue **100**
Gischeh 33, **34**, **58**, 60, **61**, **62**
Giotto **121**
Grab
- von Iti **69**
- von Senedschem **18**
Griechenland 116, **116**

H

Hapi 19, **22**
Harachte 54 siehe auch Atum und Re
Harmachis 64 siehe auch Horus
Hathor **36**, **55**, 89, 92, **115**
Hatschepsut, ägyptische Königin 88, **89**, **99**, 105
Hattusilis III., hethitischer König 111
Haus des Lebens 98 f.
Hebräer 85
Heliopolis 33, 53, 54
Herodot 7, **8**, 18, 61
Hethiter 109, **110**, 111, **113**, 116
Hieroglyphe **9**, **45**, 46, **46 f.**
Horn von Afrika 34
Horus **13**, **38**, 39, **55**, 64 f.
Hyksos 17, 83, 84, **84**, 85, **85**, 86

I

Imhotep 46, 58
Isis 7, 22, **53**, 54, **54**, **55**, 89

K

Ka 52, 96, **99**
Kadesch **110**, 111, **113**
Kairo 9, 14, **15**, 16 f., **61**, **120**, 119 siehe auch Memphis
Kamose, ägyptischer König 85
Kanope **56**, **103**
Karnak 90, 96, **96 f.**,
Kerma 80, **80**
Khast, Levante **16**, 72
Kleinasien 86
Kleopatra 118
Kolosse von Memnon **97**, 105
Konzil von Nizäa 121
Kreta 72, 74, 89
Kurgus 86

L

Lehren des Ptahhotep 100
Levante siehe Khast
Libanon 109
Libyen, Libyer 33, 38, **71**
Luxor 90, **97**

M

Maat 13, 39, 41, 42
Mariette, Auguste 9, 64
Mastaba 58, **62** siehe auch Pyramide
Mauer des Prinzen 72
Medinet Habu 112
Memphis **16 f.**, 17, 33, **34 f.**, 54, 67, **70 f.**, 121
Menes siehe Narmer
Mentuhotep I., ägyptischer König 67
Mentuhotep II., ägyptischer König 67, **68**, 70
Mesopotamien 86, 95
Min **55**
Mirgissa 80
Mittelmeer 8, 14, 16, **17**, 18, 70,

74, **74**, 86
Moeris siehe Birket Qarun
Mumie 6, 56, **57**, 100, **117**
Mykerinos, ägyptischer König **38**, **58**, **61**

N

Napoleon I., französischer Kaiser 7, **8**, 9, 64, **64**
Naqada I. **II**, 12
Naqada II. 12
Narmer, Menes, ägyptischer König **12 f.**, 13
Nasser-See 80, **115**
Natron 57
Nechbet 39
Nefertari, ägyptische Königin **115**
Nefertem **54**
Neith **54**
Nephtys **53**, 54, **55**
Neunheit **53**, 54
Nil 10, **II**, 12, **15 f.**, 16 – 20, **21 – 23**, **25**, 26, **30**, 30 f., **33**, **35**, 50, 67, 80, **80**, 84, 90, **90**, 105, 114, **115**, 117, **118**, **120**
Nofret **40**
Nofretete, ägyptische Königin **87**, 103, **103**
Nubien 14, **32 f.**, 34, 72, 78, 80, 86, 103, 113 f.
Nut **53**, 54

O

Obelisk 6
Osiris 7, 22, **52 – 54**, 54, 56, 117

P

Palästina 8, 103, 113
Palestrina 120
Papyrus **12**, **24**, **26**, 28, **43 f.**, **46**,

108
Pepi I., ägyptischer König **32**
Pepi II., ägyptischer König 35, 66
Peret 22, **23**, 26, 28
Perser 117
Pharao 6, 9, **32 – 34**, 34, 36, **36 f.**, 38, **38**, 39 – 41, **41**, 42, **43 f.**, 47, **50**, 54, 56, 59 f., 73, **73 f.**, 75, **89**, 90, 92, **92 f.**, 94, **99**, **105**, **112**, 112 – 114, 116 f.
Phönizien, Phönizier 33, 89, 95
Plutarch 7
Psammetich I., ägyptischer König 116
Ptah **34**, **54**, **114**
Ptolemaios I., ptolemäischer Herrscher 118
Ptolemaios II., ptolemäischer Herrscher 118, **118**
Ptolemaios IV., ptolemäischer Herrscher **118**
Ptolemaios V., ptolemäischer Herrscher **9**
Pyramide 6, **34 f.**, **42**, 48, **58**, 58, 59, **59**, 60, **60**, 61, **61 – 63**, 64, **80**, 90
– von Chephren **59**, **61**
– von Cheops **59**, 60, **61 – 63**
– von Djoser **62**
– von Giseh **58**, 60, **61 f.**
– von Mykerinos **58**, **61**
– von Snofru **34**, **62**

R

Radjedef, ägyptischer König 64
Rahotep **40**
Ramesseum **87**, 105
Ramses II., **86 f.**, 96, 103, 106, 111, 114, **114 f.**
Ramses III., ägyptischer König 103, 111, **112**, 116
Re 39, **54**, **54 f.**, **114** siehe auch Atum

Rechmire **36**
Römisches Reich, Römer **116**, 118
Rosette 7, **8 f.**
– Stein von 7
Rotes Meer **17**, 34, 67

S
Sachmet **54**
Sahara 10, **11**
Sahure, ägyptischer König
  34
Saïs **16 f.**, 116
Sakkara 33, 34, **46**, 47, **48**, 59,
  62
Satire auf die Berufe 44, 48,
  100
Schreiber 38, 43 f., **44 f.**, 46,
  48, **74**, **83**, 101, 108
Schu **53**
Semne 80
Sesostris I., ägyptischer König
  73, **81**
Sesostris II., ägyptischer
  König 75
Sesostris III., ägyptischer
  König 72
Seth 22, **53**, 54,

Sethos I., ägyptischer König
  89, 109
Sinaihalbinsel 33, 82
Sirius 17, 22
Snofru, ägyptischer König 34,
  34, 59, **62**
Sobek **54**, 76
Sphinx 64, **64**, 65, **65**
Stein von Palermo **32**
Strabo 7
Syrien 103, 113
Sudan siehe Nubien
Suez 72

T
Tafel von Narmer **12**, 36
Tafel des Schlangenkönigs **13**
Tal der Könige 104 f., **107**
Tal der Königinnen 106
Tefnut **53**, 54
Tell el-Amarna 14, **87** siehe
  auch Achet-Aton
Tempel 7, 40, **42**, **45**, **80**, **87**, 90,
  93, 95, 96, **96**, **97**, 98, **98**, 99,
  99, 100, 101, **101**, **112**, **115**
– von Hatschepsut 105
Texte der Pyramiden 16

Theben **17**, 70, **76**, 85, **87**,
  90, **90 f.**, 92, **96 f.**, 98, 102 f.,
  112
Theodosius I., römischer Kaiser 7
Thinis **17**, **33**
Thrakien **116**
Thutmosis I., ägyptischer König
  86, 104
Thutmosis II., ägyptischer König
  88
Thutmosis III., ägyptischer König
  88, **89**, 95
Thutmosis IV., ägyptischer König
  43, 64, 89
Tutanchamun, ägyptischer
  König 9, 104, **104**, 105, **105**

U
Uronarti 80, **80**

W
Wesir 36, 38 – 40, 46

Z
Zypern 89

Bildnachweis

Die Illustrationen in diesem Band entstanden im Auftrag des Verlags DoGi spa., Florenz, der auch die Rechte daran hält.

Illustrationen:
Bartolozzi: 15, 16f., 34f., 70f., 86f. Gaudenzi: 17M, 114f.: Ranchetti: 9o, 13M, 22o, 23u, 37, 47o, 80u, 96, 97u, 113, 116u. Saraceni: 6f., 8o, 12o, 46u, 53, 54f., 62f., 112o, 117o. Sergio: 8–11, 20–31, 44f., 50f., 60f., 74–85, 90–95, 98–101, 102o, 104f., 106o, 107–111, 119. Studio Inklink: 36u, 56f.

Reproduktionen und Dokumente:
Der Verlag DoGi hat sich bemüht, die Bildrechte korrekt zu ermitteln und bedauert eventuelle unbeabsichtigte Auslassungen. Nach entsprechendem Hinweis würde der Bildnachweis für weitere Auflagen korrigiert. Alinari/Giradon: 115l: Archiv DoGi: 6, 15o, 49ur, 64o, 68l, 72, 86u, 87o, 112, 118o, 120o, 120u, 121u. Archiv DoGi/Mario Quattrone: 121o. Archiv Dogi/Sandro Scalia: 32ur. Ashmolean Museum: 12u. Agenzia Contrasto: 16, 60f.. Agenzia Contra-sto/E. Lessing: 102. Agenzia Contrasto/Magnum Photo/E. Lessing: 42, 43M, 49M, 55r, 66, 68f., 69r, 89M, 94, 97u, 103l, 103r, 104. British Museum: 9, 56u. Vatikanische Museen: 118u. Siliotti: 11, 12o, 13f., 15M, 15u, 18f., 32o, 32ul, 33f., 38o, 38u, 39, 40f., 41o, 43u, 44–48, 49u, 52, 55l, 61, 64u, 65, 67, 73o, 73r, 87u, 88, 89r, 92, 97o, 105o, 105u, 107, 111, 117M, 117o.

Abkürzungen: o = oben, u = unten, m = Mitte, r = rechts, l = links, f = und folgende Seite

InfOMNIBUS

bringt die großen Themen der Menschheit –
in spannenden Texten und bis ins Detail genauen Illustrationen.

Sommer 2000

Die Geschichte der Griechen
ISBN 3-570-20740-4

Die Geschichte der Entdecker
ISBN 3-570-20741-2

Die Geschichte der Wirtschaft
ISBN 3-570-20742-0

Die Geschichte der Ägypter
ISBN 3-570-20743-9

Die Geschichte des 20. Jahrhunderts
ISBN 3-570-20744-7

Die Geschichte der Technik
ISBN 3-570-20745-5

Dezember 2000

Die Regeln der Natur
ISBN 3-570-20746-3

Die Geschichte der Renaissance
ISBN 3-570-20747-1

Das Weltall
ISBN 3-570-20748-X

Die Entwicklung des Lebens
ISBN 3-570-20749-8

Die Vorgeschichte
ISBN 3-570-20750-1

Der Islam
ISBN 3-570-20751-X

Weitere Bände sind in Vorbereitung.

Jeder Band ist eine deutsche Erstausgabe,
durchgehend mit farbigen Abbildungen, 128 Seiten.